CARLOS FENOLL, TRAYECTORIA VITAL Y POÉTICA

Edición en los 105 años del nacimiento de Carlos Fenoll
(1912-2017)

Por Ramón Fernández Palmeral

Publicado en Lulu/Amazon 2017

CARLOS FENOLL :
Trayectoria vital y poética

*CARLOS FENOLL FELICES , poeta
de Orihuela (1912-2012)*
I Centenario de su nacimiento

Ramón Fernández Palmeral

CARLOS FENOLL:

Trayectoria vital y poética

(105 años de su nacimiento)

El panadero-poeta 2012

Carlos Fenoll el panadero poeta de Orihuela (1912-1972)

Ramón Fernández Palmeral

Carlos Fenoll, trayectoria vital y poética

COLECCIÓN BROTES / PALMERAL
Diseño cubierta: "El panadero-poeta" por Palmeral.
Edición de Ramón Fernández Palmeral

Correo E: ramon.palmeral@gmail.com

Publicado en LULU/Francia

ISBN: 978-0-244-10632-4

Primera edición:
26 de marzo de 2012, Ayuntamiento de Orihuela

Segunda edición:
8 de agosto de 2017

Introducción

Toda biografía es un edificio en construcción que va creciendo según se le incorporen datos y más elementos de coordinación biográfica y, a pesar de ello, jamás se puede dar por concluida. Vamos a acercarnos al hombre y al poeta, que si bien es un nombre "omnipresente" en todas las biografías de Miguel Hernández, poco conocida es su trayectoria vital y poética; sin embargo, su nombre es inmortal porque inmortal es el de Miguel Hernández, su amigo y vecino el "Visenterre". ¿Qué le debe Miguel a Carlos?, pues sencillamente que fue su primer mentor quien le brindó las páginas de *El Pueblo de Orihuela,* para que se abriera paso hacia una voz propia y transcendental en la poesía universal.

Además del centenario de su nacimiento se cumplen los cuarenta años de su muerte y aún seguimos recordándole, lo cual evidencia su vigencia en las biografías hernandianas más que por ser poeta. ¿Pero quién es Carlos Fenoll? El hombre, el poeta, este ha sido nuestro reto, profundizar un poco más en su biografía. Un poeta local desconocido en la Literatura valenciana y nacional (autor de un centenar de poemas), que aunque sean pocos, no por ello es un poeta menor, pues entre sus composiciones destacamos un ramillete de poemas sublimes y magistrales. Ganó un premio de poesía en 1942. Además aficionado a los toros y al cante flamenco y a los tangos, que estudiaremos en un apartado.

No caben dudas de que su nombre ha sobrevivido gracias a estar ligado al universal poeta autor de *Viento del pueblo.* Pertenecen ambos al Grupo de la Tahona, al Grupo Silbo, a la "Generación olecense del 30" estudiada por Vicente Ramos, una generación sin arraigo en la Literatura nacional.

Tomando prestadas las palabras de Ramos nos hallamos, desde el punto de vista individual, ante un "gran poeta lírico, exquisito y profundo". Es una poesía cuya gráfica contiene valles y cumbres, un poeta que quiso ser y no pudo por "mis desequilibrios morales y mi angustia permanente" –llegó a escribir a un amigo-, y a la vez exigente con su creación que reconocía a la vez que su obra poética quedaba por hacer. En el fondo tenía sobre sí la sombra vencida de MH, el axioma, de no querer defraudar ni traicionar su destino de poeta contra el que no podía luchar. Entre las distintas situaciones vitales podemos distinguir varios periodos creativos, de la mano de su oficio de panadero –fue panadero hasta su muerte- y su responsabilidad familiar; si bien los primeros años de su juventud se permitió ser cofundador de la revista *Silbo* 1936 junto a otros jóvenes poetas, que ya veremos. En los años cuarenta sufrió una crisis poética como él mismo comentó a Joaquín Ezcurra en 1961: "...me han traído a la memoria los días de Orihuela en que yo estaba lleno de un maravilloso entusiasmo creador, pero al mismo tiempo de grandes crisis de pesimismo y de locas reacciones".

Fueron duros años de posguerra y falangismo oriolano. Además, a Fenoll se le demanda haber hecho desaparecer una maleta con cartas de MH y de poetas del 27, de valor incalculable desde el punto de vista literario, que analizaremos en este trabajo con mayor prolijidad. Sin embargo, entendemos que es durante este periodo turbulento cuando aparece el verdadero y auténtico Fenoll con poemas personales y gloriosos: "Cristo yacente", "Hora maldita", "Soledad" o "El canto encadenado".

Bien es cierto que en sus últimos años confiesa pasarlo mal económicamente por tener un "débil Vietnam de sueldo", que no le llega a pesar de hacer horas extras como corrector de pruebas en la Editorial Aymá de Barcelona; por ello, creemos, deja la ingrata e improductiva poesía por la prosa y se dedica a escribir guiones para dibujantes de historietas infantiles o novelas rosas, por lo que pide a Dios que le perdone ese horrendo pecado: "El –Dios- ya sabe que mis hijos no almuerzan sonetos ni rompen octavas reales en lugar de zapatos".

Por circunstancias de la vida y de la dura posguerra renunció a ser un testimonio de la grandeza poética y literaria de la supuesta "Generación olecense del 30"; tras la muerte de Ramón Sijé (1935), Miguel Hernández (1942) y Gabriel Sijé (1946), prácticamente dejó la poesía, excepto puntuales colaboraciones en revistas de Semana Santa a petición de sus amigos paisanos. Tiene en su contra no haber publicado sus poemas en un libro –excepto el famoso librito colectivo de *Poemas*, 1936-. Tampoco consintió que se publicara su poesía juvenil al considerarla de escaso valor. Cuando Francisco Martínez Marín le pidió obras para publicar una antología o selección de poemas oriolanos, le respondió:

"Ahora, según leo en una nota de la revista, vais a sacar unas cosas mías. Yo me honro con vuestra fidelidad a mis versos, pero, sin falsa modestia. Dios lo sabe, ya no me gusta absolutamente nada de cuanto he publicado, y me hace sufrir un poco ver de nuevo publicadas las mismas cosas. Sé que la culpa es mía, que no puedo escribir con cierta continuidad. Decididamente he de superar esta etapa muerta de mi vida actual. He de escribir". (Barcelona, 9 de marzo de 1951)

Si se publicaron sus poemas en los años cuarenta y cincuenta fueron gracias al tesón de los amigos que no le dejaron en el olvido y contaron con él en revistas y antologías, como Manuel Molina(1917-1990), Vicente Ramos (1919-2011) y Martínez Marín(1928-2007). Estos amigos no entendían que había colgado el laurel de poeta. Quizás por razones de sentirse incapaz de estar a la altura que él deseaba o de una modorra espiritual como escribe el poeta almeriense en la revista *Canfali*, José A. Sáez Fernández "No logra salir de esa modorra espiritual y psicológica, que tan profundamente le acosó".

De su parte, no es que pusiera poco empeño en ser poeta, es que no quería y no podía concentrarse en un ambiente oriolano de posguerra falangista y clerical, teniendo en cuenta que él luchó en el bando republicano y es, posiblemente, una de las causas de su evasión, más que huida, a Barcelona en 1947, fue la de buscar un mejor futuro para sus hijos. También hemos descubierto a un Fenoll reportero de conflictos en la revolución de octubre del 1934 en Barcelona, en la que participó como soldado de Intendencia, con un artículo publicado en el periódico *El Día* de Alicante en 1935, que dirigía el oriolano Juan Sansano Benisa (1887-1955). Y un poema a "Los héroes de la batalla del Ebro".

En su tercera etapa de los años cincuenta existen ciclos en que habla de la "alegría de la creación" y trata de escribir un libro para sus cuarenta cumpleaños; libro de poemas que nunca escribirá, o al año siguiente dice que no encuentra inspiración. Estuvo unos años sobre 1952 al 54 con idea de renacer de sus cenizas con el poema "Reflorecer", escribió cuentos, alguna novela y obra de teatro, sin éxitos en premios, que era su meta, ganar uno por el aporte económico, ni obtuvo contratos con editoriales, causas que, sin duda, desalientan y desaniman a cualquier escritor.

Es posible que algunos originales los conserve la familia, o, por el contrario, también acabaron en el fuego purificador de un horno de leña. No quiso escribir nada sobre el poeta-pastor ni sobre el estudiante de Derecho, porque no quería recordar su tiempo pasado, anunciando veladamente en su correspondencia un estado de remordimientos por algo que pasó, pero que no sabemos; de hecho, no aparece su nombre en las bibliografías hernandianas, siendo, por el contrario, quien más sabía de esa época de juventud. En 1952, a petición de Vicente Ramos y de Manuel Molina, se negó a escribir para un homenaje en el décimo aniversario de la muerte de MH, con la excusa "contesté en sentido negativo respecto a la propuesta de escribir mis recuerdos de Miguel, negativa involuntaria, dolorosa, pues intenté hacerlo repetidas veces hasta que desistí, desalentado, al fin..." (*Miguel Hernández en Alicante*, 1976, 154-155).

Constantemente antepone el dinero al arte, sus deseos de escribir van aparejados a ganar algún dinero y encima no quiere escribir sobre su pasado en Orihuela. Su mujer Ascensión ejercía sobre él gran influencia "posee el perfume del amor valiente: cuando me embiste el desánimo y voy a caer como un muro sin base, ella, tenazmente, sostiene mi equilibrio con su poder de golondrina", lograba recuperarle el ánimo, y le vuelve la euforia, pero al poco tiempo vuelve a caer en el desaliento y la postración.

Su última época son poemas a peticiones de personas a las que no quería o no podía negarse, temas místicos para revistas de Semana Santa a petición de Martínez Marín, aunque no consintió enviarle nada a Ezcurra para su revista *Oleza*. Siempre le acudió la nostalgia de su Orihuelica del Señor y su Semana Santa, la nostalgia es el resultado de una larga ausencia en un recuerdo feliz. Se le acusa injustamente de apatía congénita, acusaciones muy propias de aquellos que no son servidos, como podemos leer:

"Teniendo en cuenta que Carlos Fenoll –según Manuel Molina– era un apático, un ser dominado por la desgana, dominado por el sentido de la obligación familiar, por el presentimiento de la impotencia creadora, por la conciencia excesiva de su falta de cultura, por la depresión angustiosa... su poesía personal fue breve e irregular, intermitente, e intensa" (*Canto encadenado*, 1978: 16)

En los años cincuenta se siente esterilizado por la poesía, el propio Fenoll confesará al final de sus días "La Literatura es para mí un trauma". En este trabajo mostraré algunos poemas seleccionados, los que creo más destacados de su producción poética. Un análisis filológico lo dejo para los filólogos.

En un estado de euforia y bienestar intentó ser poeta, pero no pudo o no quiso, a Fenoll le faltó auto-promoción y un libro como carta de presentación, puesto que, sin duda, poeta lo era, y había creado algunos poemas de gran calidad, memorables como ya he comentado. El mejor Fenoll es aquel que transporta su angustia, su amargura vital al verso, el poeta frustrado porque lo intenta y no puede, se siente con el "alma encadenada" al pasado y a la responsabilidad familiar. A pesar de los estados anímicos que le impiden concentrarse aventura en noviembre de 1954 que escribirá una novela y la presentará al Premio Nadal y una obra de teatro para el Premio "Calderón de la Barca", simplemente por la posibilidad del dinero de los premios.

Nos hemos encontrado con la sorpresa de que su nombre aparece en una ingente cantidad de biografías, como se puede comprobar en la bibliografía consultada al final de este libro; sin embargo, el poeta-panadero apenas tiene estudios profundos de su poesía. De la que hemos recogido algunos poemas seleccionados. Y reitero mi agradecimiento a Gaspar Peral Baeza, que sin su archivo e inestimable colaboración este libro no hubiera visto la luz. Más la colaboración de los hijos de Carlos en Barcelona.

Para la biografía hemos preferido un sistema cronológico de fechas a las que hemos acompañado notas, incluidas en los textos, con objeto de facilitar su lectura. Nos hemos decidido por el estilo del ensayo para documentar los textos y ser lo más riguroso posible. Nuestra intención ha sido la de recopilar y poner en orden de forma expositiva unos datos dispersos con el propósito de abrir caminos a nuevos investigadores fenollianos. Hemos sacado el Acta de Nacimiento en el Registro Civil, donde además de advertir que Carlos nació un día después de lo que se creía, hemos sabido los nombres y apellidos de sus padres y abuelos. Y que el lector vaya sacando conclusiones ante la multitud de contradicciones que se han publicado.

Para más información sobre su vida y obras recomendamos visitar la página web que hemos abierto para homenajearle en su centenario donde hemos vertido sus obras, documentos y textos de archivos, equiparable a un diario de campo que se puede consultar en:

"Carlos Fenoll: multimedia centenario"

http://carlosfenollmultimedia-centenario.blogspot.com/

El autor
Alicante, 25 de marzo 2012

(La presente edición on-line conmemora los 105 años del nacimiento del poeta Carlos Fenoll Felices)

BIOGRAFÍA

1.-Filiación

Lo decepcionante de no escribirse uno su autobiografía supone que luego los investigadores nos tomemos la libertad de reescribírsela y reconstruirla con parches como en un edificio con goteras y en constante rehabilitación. El poeta oriolano Carlos Fenoll Felices, familiarmente *Carlicos,* nació en Orihuela (Alicante) a las seis de la mañana del día 8 de agosto de 1912 (no el 7 como escribió el propio Carlos en carta de fecha 2 de enero de 1967). Fecha que figura en el acta de nacimiento del Registro Civil de Orihuela obtenida por el autor de este artículo el 17 de febrero de 2012, lo cual exige cambiar dicha fecha en todas las biografías donde aparece la fecha errónea. Está registrado en el Tomo 64, Sección 1º, folio 82, inscrito el once de agosto de 1912, a las diez horas, por su abuelo materno Mariano Felices Rodenas.

Nació en la calle de San Juan s/n (casa contigua al Convento de San Juan de la Penitencia), hijo de José Antonio Fenoll Onteniente y de María Monserrate Felices Lizón. Su padre figura como panadero. Sus abuelos paternos fueron Antonio Fenoll Martínez y Carmen Onteniente Irles, industriales naturales de Orihuela. Y los maternos el ya mencionado Mariano Felices y Encarnación Lizón Casado. (Adjunto Acta de nacimiento). Se trasladaron a la calle Arriba 5 (Ahora Miguel Hernández) en 1927. Eran trece hermanos, aunque se conocen el nombre de nueve: Antonio (muerto de tuberculosis), Carmen, Carlos, Josefina (1914), Efrén (1917), Eloisa, Carmen, Delfina y Monse. Josefina fue novia de Ramón Sijé, a los tres meses de muerto éste se hizo novia de Jesús Poveda (1912-1998) con quien se casó el 14 de abril de 1937. La familia de Carlos tenía el

15

apodo de "Los Morcilleros", no sabemos si por parte de padre o de madre, según escribió el propio Carlos en una carta a María de Gracia Ifach en septiembre de 1971.

Los abuelos paternos de Carlos tenían un horno en la calle San Juan:

"El panadero señor [José Antonio] Fenoll había sido un excelente profesional [...] Desaparecía de Orihuela, regresaba, dejaba embarazada a su mujer y volvía a eclipsarse. En uno de esos viajes le tocó la lotería y pudo trasladarse de la calle San Juan a la calle de Arriba (la misma trayectoria que la familia Hernández). No lejos del domicilio de Miguel montó un horno que pronto cobró fama entre la veintena de tahonas con que contaba Orihuela... Cuando en 1929 falleció su padre, a los 42 años, era el mayor, con 17 años. El resto de la familia eran mujeres, salvo Efrén, un adolescente de 12 años. Sobre Carlos recayó la responsabilidad de la panadería". (*El Oficio de poeta*, Eutimio Martín, (2010, p.79)

16

ACTA DE NACIMIENTO

17 Febrero 2012

úmero *82*

Carlos
Fenoll
Felices

Nota

Contrajo matrimonio el
[...] con Asunción ante
[...] según consta al folio
[...] 13 vuelto 2ª al...
[...]
...
...

En la ciudad de Orihuela, provincia de Alicante, á las

diez del día *once*

de *Agosto* de mil novecientos *doce* ante el Señor

D. *Pedro Turou y Paito* Juez Municipal y

D. *José María Martínez Pacheco* Secretario,

compareció *Mariano Felices Rodenas*

natural de *esta Ciudad*

de *sesenta y tres* años de edad

casado, jornalero

domiciliado en *la misma, calle de la*

Trinidad,

con objeto de que se inscriba en el Registro civil, un niño

y al efecto como *abuelo materno declara*

Acta de nacimiento de Carlo Fenoll Felices obtenida por el autor de esta biografía el 17 de febrero 2012 en el Registro Civil de Orihuela. Donde comprobamos que abajo dice que nació a las seis de la mañana del día ocho de agosto de 1912.

En la época que nació Carlos, Orihuela tenía una población de unos 35.000 habitantes, repartidos en multitud de pedanías, la población de la ciudad contaba con unas 17.000 almas. Abundaba la propiedad agrícola mal repartida, aprovechada por un eficaz sistema de acequias, azudes y azarbes heredados de los árabes, más obras públicas posteriores de riego como la otorgada a la Compañía de Riegos de Levante entre 1918 y 1922. El río Segura era irregular con cíclicas riadas que anegaban la huerta y la ciudad, puesto que el río zigzaguea por el centro de la *Oleza* de Gabriel Miró. La tierra estaba en manos de unos cuantos oligarcas y existía una gran desigualdad social. Los cultivos de cáñamo, naranjas y productos hortofrutícolas aumentaron con la infraestructura de nuevos riegos. Bajo el sistema de propietario y arrendatario con gran mano de obra eventual. La agitación de la I Guerra Mundial tuvo graves consecuencias en la clase trabajadora, y las élites tuvieron que innovarse y adaptarse. Se activaron nuevas organizaciones políticas de carlistas y republicanos. Las figuras conservadoras se representan en Antonio Roca de Togores, Manuel Germán y Antonio Balaguer. La Iglesia con un retraso evidente, inicia el sindicalismo agrario católico, encabezado por el canónigo don Luis Almarcha y el obispo Javier Irastorza, designado en 1923, que promovieron su presencia a través de la prensa y actividades culturales.

Aunque Carlos dice que se instruyó solo en la calle, leyendo los rótulos no es del todo cierto.

Fui poco tiempo a la escuela que cuando dejé de frecuentarla –a los doce años ya vendía tortillas y panecillos por la calle- mis palotes eran todavía una tropa sin orden ni concierto, en franca retirada. Aprendí a leer en los rótulos de las tiendas de la calle Mayor. Aquellas letrazas con artísticos rabos y con fondo de sombra..." (Carta a Manuel Molina de 7 de diciembre de 1954).

Hasta los doce años estuvo en el colegio del Ave María. Por ello la afirmación de que aprendió a leer solo es un mito, una auto-leyenda. No es muy lógico como dice en su autobiografía que aprendiera a leer solo, cuando el acicate literario de un padre trovero y popular versificador del que hereda también sus aficiones y su curiosidad por la lectura, estaba suscrito al *ABC* que se recibía diariamente en la tahona y que disponía del suplemente "Blanco y Negro" con información cultural.

Tal y como relata Josefina Fenoll en la pluma de su hija Marisa Poveda Fenoll, la casa de la calle Arriba nº 5 la compró el padre en el año 1927 a la Iglesia, tras el fallecimiento del canónigo Antonio Murcia, una casa de dos pisos en la planta baja y atrás instaló el obrador. Es decir, que el padre trasladó la panadería que tenía en la calle San Juan, al final de la tapia del huerto de las Clarisas, por la de la nueva casa, es decir que cuando llegó Carlos tenía ya 15 años. (Revista *Portada*, 1990, p. 15).

El retrato de Carlos nos lo proporcionó su cuñado Jesús Poveda (1975:69): "Fenoll, físicamente parecía una estampa clásica –del antiguo tipo ibérico, era de estatura proporcionada, con ojos castaños, nariz recta, piel trigueña. Caminaba por la calle despacio y rumboso, como el Antoñito el Camborio del *Romancero Gitano*. Ramón Sijé lo ve "enlutado, rondador y bohemio".

Carlos llevaba, sin duda, en la sangre el germen del trovar y de las letras y éste no tardó en aflorar cuando, en plena adolescencia, devoraba las páginas del *ABC,* o los folletones de moda de Luis del Val, las novelas de Dumas y Zamacois, pero, sobre todo, los versos de Emilio Carrere, del murciano Vicente Medina y, cómo no, los del lírico salmantino Gabriel y Galán. Las lecturas posteriores de Fenoll, superada esta primerísima etapa, fueron Antonio Machado, Juan Ramón Jiménez y Rubén Darío. Ramón Sijé alude también a que leía a Amado Nervo y a Allan Poe.

Yo no quiero leer -me dijo una vez el poeta-, quiero ser independiente, único. Le tengo miedo a Juan Ramón porque me atrae. Pero soy fuerte... ("Valores de Levante. Carlos Fenoll", Ramón Sijé *Diario de Alicante*, 1932)

La familia era muy querida en la calle de Arriba donde tenía el horno de pan:

La familia Fenoll era muy participativa colaboraba en todos los actos festivos del barrio "En las calles de Orihuela celebraban la

Cruz de mayo, se adornaban con ramajes de álamos, flores, banderitas y cadenitas, se ponían en los balcones cobertores y bombillas" (*Orihuela en mis artículos*, Antonio Colomina Riquelme, ECU, 2011: 116).

Sería muy deseable contar con una biografía cronológica para poder situar y hacer comparaciones de nuestro poeta en el contexto de los años en que vivió y así acercarnos aún más a sus coetáneos. Nos hemos de bastar con las cartas a sus amigos, y a los escasos libros publicados sobre su biografía.

Se casó con Ascensión Ávila Martínez en Orihuela en 1935, nacida el 24 de febrero de 1914 en Orihuela), hija de Cayetano Ávila Fonts y Montserrate Martínez Cuadrado –conocida como *la Valera*-. Tuvieron cuatro hijos: José Antonio, nació en Orihuela el 13 de diciembre de 1935; Carlos nació en Orihuela el 18 de julio 1941; Vicente Luis nació en Orihuela el 17 de febrero de 1946; y Julián nacido en Barcelona el 6 de enero 1951 el "último-génito" como le llamaba el padre, los cuales viven en Barcelona.

Fue su mujer la que crió a los hijos y quien le levantó la moral en momentos de desánimo e incertidumbres. Mujer valiente, fuerte y longeva, tiene 98 años y actualmente vive en Barcelona con sus hijos. La descendencia Fenoll-Ávila ha sido muy numerosa a fecha del centenario podemos contar: 19 nietos, 10 biznietos, 2 tataranietos.

Cuando se casó con Ascensión se fueron a vivir a la calle del Horno de la subida de San Miguel a una casa cedida por los padres; tenemos el siguiente relato de quien fue su vecino el hoy escritor oriolano Antonio Colomina Riquelme:

Pero centrándonos un poco más en el personaje que hoy nos ocupa, mi vecino de entonces Carlos Fenoll Felices, entre su casa y la mía sólo había una en medio, la del "señorito Paco". Él, como panadero, trabajaba de noche, por el día estaba casi siempre en su casa, solía descansar en su puerta sentado en una silla baja de anea, se la ponía de lado apoyando su brazo derecho sobre el respaldo, siempre salía en verano vistiendo un pantalón bastante ancho para su fino talle y una camiseta blanca de tirantes, de las llamadas entonces de *sport*. Era un hombre extrovertido, dicharachero, buena persona, gustaba de contarnos cuentos a los chiquillos, nos recitaba poemas y cuando se sentaba en su puerta todos los críos andábamos siempre cerca de él para que nos relatara sus escarceos taurinos... (*Orihuela en mis artículos*, ECU, 2011, pp. 113-116)

2.- Afición taurina

Se dice que al joven Carlos le gustaba el flamenco y el cante jondo, frecuentar tabernas y a los toros era acérrimo, como era normal en todos los jóvenes de la época; veamos su afición taurina.

La fiesta de los toros en Orihuela era todo un acontecimiento público y social. La afición a los toros tanto de Carlos como de Miguel son evidentes. De hecho, cuando MH estuvo en Madrid trabajó para José María de Cossío en algunos artículos de toreros para la *Enciclopedia Los Toros* de Espasa Calpe. Estando en Madrid le envió una fotografía de Lagartijo, según carta de 12 de junio de 1936.

Recordando la cita de Francisco Martínez Marín en su artículo "Carlos, el poeta con nombre de tango", veamos su versión:

Como era aficionado a los toros, se colaba en la Plaza de Orihuela, de la que eran proveedores de caballos los Hernández (1), llegado un día a tirarse en plena corrida como "aficionado" –espontáneo-, por lo que fue metido en el retén, pasando allí alguna noche, siendo liberado por su padre, previo pago de una multa" (F. Martínez Marín, *La Lucerna*, nº 41, diciembre 1995: 16).

1).- Más acertado sería decir los "Gilabert" puesto que la madre de MH era familia de los "Mansebos" tratantes de caballos y mulas para las corridas de toros.

Disponemos también de la cita de Jesús Poveda:

Cuando apenas tendría catorce o quince años, quiso ser torero, y acudía a las corridas de toros que se daban por las Ferias de Orihuela (y que por aquel entonces se desarrollaban éstas con toros y toreros de mucho postín), y no faltaba un espontáneo; este era Carlos, que se arrojaba a aquel ruedo chaqueta en mano... y acababa siendo detenido por las autoridades, como era lógico, y pagando su padre la multa que le aplicaba para ser puesto en libertad (Poveda,1975: 69-70)

En una ocasión, posiblemente en la feria de agosto de 1931, se arrojó al ruedo de Orihuela como espontáneo. Dice una fuente que saltó de nuevo al ruedo con su chaquetilla, dando unos cuantos pases y, de nuevo, fue conducido al retén municipal por la fuerza pública (Gelardo Navarro. AGORA, 2007-2008: 13-14).

Y en un detalle de creación flamenca escribió una *carcelera* al estilo de Caracol, cuya voz ronca se parecía al tono de Carlos.

Para completar un estudio taurino recomendamos acudir al trabajo de José María Balcells "Miguel Hernández: la forja de un aficionado taurino", revista *Canelobre* 56, Alicante, 2010: 221-229)

3.- Afición al flamenco

El flamenco también fue una de las aficiones de Carlos. Por aquellos años estaba en su apogeo la Ópera Flamenca. La versión que nos transmite Jesús Poveda, amigo y más tarde cuñado:

Yo conocí a Carlos cuando a éste sólo le apasionaban tres cosas: la poesía, el cante jondo y el vino de taberna... Cantaba el flamenco clásico con verdadero gusto, como un profesional, aunque no le ayudaba mucho su voz, un poco ronca. Eran sus cantos preferidos los de las minas de La Unión, las cartageneras, cante profundo, de arriero, hondo de verdad. Su cantaor preferido fue Cepero [José Cepero nació en Jerez de la Frontera (Cádiz) en el año de 1888 y murió en Madrid en el 1960],

22

llamado el Maestro, o sea, la flor y nata de este viejo arte español. (1975: 71-72)

A este propósito, son imprescindibles los datos de Martínez Marín en uno de sus manuscritos en la Fundación Miguel Hernández de Orihuela, consultados por José Gelardo Navarro:

Por entonces privaba la competencia lírica y festiva entre "troveros" - versadores populares de la huerta y el campo- que repentizaban versos improvisados. Así las tenían en la misma taberna del "El Chusquel", en su calle Arriba: El tío ANTONIO FENOLL, panadero y padre de numerosa prole (con Carlos y Efrén); el tío JOSÉ HERNÁNDEZ, tío de Miguel, y el tío DAVID CASTEJÓN, de Santomera, el rey del trovo (...) Sus versos no se escribían, sino que los aprendía "por memoria" y "repentización". Algunos no sabían ni escribir. (...) Al asistir a estos "enfrentamientos", Miguel se entusiasmó y quiso emularlos. (*Miguel Hernández y el flamenco. Sabor a tierra*, Fundación Cultural Miguel Hernández, 2011: 231)

Miguel se convierte en el amigo-escudero de Carlos, ambos aficionados a los toros y al flamenco, frecuentan algunas tabernas, cafés cantantes, actuaciones en el Teatro Circo. En otro manuscrito de Martínez Marín cita como lugar de taurófilos y cantaores, el bar España, en la calle Calderón de la Barca, junto al cine Novedades, inaugurado en 1917. En ese bar solía cantar el "Niño de Fernández Núñez" (Antonio García Escudero) y el Mamaillo. Manuel Molina nos cuenta que, estando en el "Café Sevilla", regentado por Luis Pérez *Espatiña*, actuaba un cantaor de flamenco ["Niño de Fernán Núñez"] que agotó el repertorio. Entonces pidió al poeta que improvisara "letras", lo que hizo rápidamente, adaptándolas el "artista" a sus tonadas.

Además, según Martínez Marín, *Carlicos* cantaba tangos como su homónimo argentino Carlos Gardel, y lo hacía muy profesional, también cantaba cartageneras o cantes mineros que eran muy ajustados a su voz un poco ronca o rajada.

Su composición "Gitana", de 1933, debemos entenderla como una estampa de una bailaora en un grupo flamenco.

Nos queda por investigar su afición al trovo de la familia Fenoll-Felices, forma de poesía dialogada tradicional de La Alpujarra, La Contraviesa, Sierra de Gádor y Murcia. Según me contó un vecino de la calle San Juan, la familia Felices procedían de Loja (Murcia). Lo cual me llevó a la investigación que existió en la nobleza de Lorca la familia Feliz de Ureta, conversa, posiblemente moriscos granadinos. Que nos abren un camino de investigación.

4.- El asalto a la prensa y amistad con Miguel Hernández

De cómo se conocieron Carlos y Miguel Hernández (MH) disponemos de dos versiones, la del propio Carlos y otra de Vicente Ramos que por lógica debemos tomar como cierta la de Carlos:

La amistad entre ambos nació porque había un teatro en el que actuaba mi hermana Josefina [se conocían desde 1928 por el Cuadro Artístico Musical de la Casa del Pueblo]. Miguel no conocía el ambiente. No conocía por entonces más que la huerta y lo que él estudiaba por libre. Un día un primo suyo lo llevó al teatro y se le antojó interpretar una obra. Era el año 1930 cuando hizo un papel dramático en «Los semidioses». (Entrevista José María Moreiro de 14 de noviembre de 1972, posteriormente publicada en 1974)

Antes de conocerse, MH ya había entablado amistad corporativa con Josefina Fenoll, miembros de un cuadro artístico dirigido por el cartero José Bonavia, donde la prensa local del 10-12-1928, se hace eco de Josefina en la representación de *Doña Clarines* de los hermanos Quintero, al decir de ella que reunía grandes dotes interpretativas, hizo de botones con naturalidad y gracia, tenía 14 años, MH 18 años, se entrega también a la escena e interviene en el reparto de *Los semidioses* de Federico Oliver. Josefina y Miguel también

24

aparecen juntos en una fotografía del Cuadro Artístico Musical de la Casa del Pueblo temporada 1927-1928 (foto de Daniel y Rosario de Montserrate. Estudio de Jesucristo Riquelme)

Su primer poema "Canto al nuevo jardín oriolano", lo publicó en el semanario *Actualidad,* el 6 de junio de 1929, en el nº 68. En este semanario llegó a publicar 19 composiciones poéticas. Lo escribió en ocasión y fortuna en el tiempo en que el Ayuntamiento inauguraba un jardín municipal:

Jardín bello y fragante,
lleno de luz y poesía,
tu aroma penetrante
ilumina a cada instante,
las musas del alma mía.

Cuando Miguel pregunta a Josefina si quien firmaba este poema como Carlos Fenoll era su hermano, ella responde afirmativamente y es cuando, fogosamente, MH muestra deseos acuciantes de conocer al poeta que ya publicaba en la prensa local. Entre ellos nacerá una amistad literaria. Carlos accede a recomendarle, aunque primero le rechazará dos trabajos impublicables "El pirata" calcado al de Espronceda y "La gitana" un drama demasiado largo (hoy desaparecido). Es decir, Carlos descubre su talento y le introducirá en el ambiente oriolano "Miguel salía así de su soledad y comenzaba una etapa de intercambios, de proyectos, de transformaciones decisivas que no hicieron sino allanarle el camino hasta el importante giro que a la vuelta de unos años habría de dar su producción poética". (José Luis Ferris. "Notas para una biografía", *La Orihuela de Miguel Hernández* (1910-1942) 2011: 156).

Ante las exigencias de un "Visenterre" interesado y tenaz, escribe un poema evocador ante la escena de un pastor-poeta que llevaba sobre los hombros a un cabrito recién nacido, según cuentan las biografías por el arco del Colegio de Santo Domingo que no es otro que la puerta de la Olma o de Callosa. Por estas fechas es cuando empiezan a reunirse en el alcabor de la tahona –estancia donde se pone la masa del pan para que fermente al calor del horno, siempre encendido- . Carlos ante la imposibilidad de salir de su lugar de trabajo, recibe a sus amigos en la tahona, para hablar de lo que fuera menester, entre ellas los toros al que Carlos era muy aficionado. En la parte de arriba también se hacían los domingos bailes.

Los domingos en los altos de la tahona organizaban bailes para los más íntimos con un gramófono que le regaló su padre (Antonio) a Carlos. ("El fenómeno poeta-panadero Carlos Fenoll", Manuel-Roberto Leonís, *El Eco Hernandiano*, digital).

Y le anuncia en prensa a modo de un gran agente de publicidad con "La sonata pastoril", publicado el 30 de diciembre del 29 en el semanario *El Pueblo de Orihuela* portavoz de los Sindicatos Obreros Católicos:
"A Miguel Hernández, el pastor que, en la paz y el silencio de la hermosa y fecunda huerta oriolana, canta la estrofas que le inspira su propio corazón".

Como la tarde declina
y el sol va perdiendo el brillo,
tras la parda colina
se siente la sonatina
de un alegre pastorcillo

Fenoll es el primero en bautizarle como pastor-poeta, de quien José María Ballesteros, médico y escritor, tomaría para escribir "Poetas Pastores", se publicó en el número 7 de *Voluntad*, en correspondencia escribe el poema "Ofrenda" que le dedicó Miguel por su libro "Oriolanas", 1930.

Con las expectativas y las hojas de la prensa abiertas, MH publicará su primer poema "Pastoril" en *El Pueblo de Orihuela*, el 13 de enero 1930.

Antes de la guerra hubo entre ellos una gran amistad juvenil, muchas veces llegaba MH a la tahona y con sus propias manos cogía un trozo de masa y hacía lo que se le antojaba, una vez hizo una trencita como las que llevaban entonces las niñas con un lacito, y una vez cocida la colgó del techo, y cada vez que venía de Madrid −antes de la guerra- pasaba por la tahona para ver el estado de la trencita. Y dejó testimonio de ello en tres octavas reales, la XXII [Panadero] de *Perito en Lunas*. (Carta de

Carlos a María de Gracia Ifach, 23 de Septiembre de 1971, facilitada por Eutimio Martín). Y la octava XXXV [Horno y luna] en el verso "estío de cenizas" (v.1) con referencias al horno de leña. También le dedicó a Carlos la octava real no publicada en *Perito en Lunas* "La espera puntüal de la semilla", estudiada por el profesor Francisco Javier Maldonado Araque.

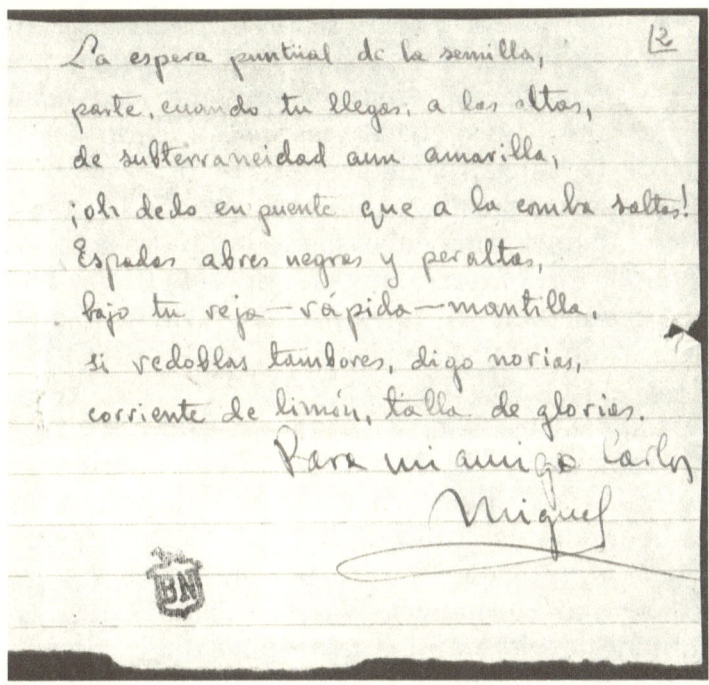

La segunda versión del primer encuentro entre Carlos y Miguel es la de Vicente Ramos:

En la Casa del Pueblo [calle Barcala nº 38, junto a la plaza Nueva y san Pascual], y con toda probabilidad en 1928, se conocieron Miguel Hernández y Carlos Fenoll, vecinos, por añadidura, de la misma calle. De inmediato los dos jóvenes — Miguel, con dieciocho años; Carlos, con dieciséis— se unieron en fraterna amistad.

Carlos, al igual que su padre, tenía facilidad para la versificación; Miguel ansiaba hacer teatro. Pero, al poco, éste, influido por aquél, comenzó a escribir poemas. A la par, se intercambiaban libros de Vicente Medina, de José María Gabriel y Galán, de Juan Sansano...; se leían mutua y críticamente los versos propios y, juntos, ofrecían recitales bien en el Círculo Católico —especialmente, con motivo de la fiesta de San José—, convocados por el Consiliario don Luis Almarcha, o por el también sacerdote don Ramón Barber Marco, o ya en la Casa del Pueblo, rectorada entonces por don José Cubí. (Gredos, 1973:106)

Con su nueva máquina de escribir de la marca Corona portátil que le vendió Eladio Belda a plazos por trescientas pesetas, fue el instrumento para que Hernández escribiere "Canto a Valencia", que envió al concurso convocado por el Orfeón Ilicitano, cuyas bases las había leído en la revista *Destellos* de Orihuela. A finales de marzo de 1931 recibe la noticia de que su poema había sido premiado con el primer premio, con el telegrama en su mano temblorosa se lo enseñó a Carlos Fenoll. Era el tercer aniversario del Orfeón Ilicitano por lo que se organizó un certamen literario "con el objeto de rendir el más merecido tributo a Valencia". Constaba de 138 versos, al que le puso el título de "Canto a Valencia" y que presentó con el lema "Luz..., Pájaros..., Sol...".

En el semanario "El Ilicitano", órgano periodístico de la sociedad artística de Elche, del 5 de abril de ese año aparece en su portada el fallo del jurado y se constata la reunión del 25 de marzo del jurado compuesto por Manuel Pomares Ceva, Antonio Serrano Hernández, Pascual Pastor Maciá y Amador Blasco quienes decidieron los galardones del certamen literario. El concurso había recibido, sobre todo, trabajos desde Valencia, Alicante, Elche y Orihuela.

El poema ganador de un joven Miguel Hernández dedicaba mucho espacio y sensibilidad al paisaje y las gentes de la zona del Levante en la que tenía protagonismo destacado Valencia, el Mediterráneo, Alicante, el Segura, Murcia y, especialmente, Elche, donde a lo largo de 16 versos se encajaba con hábil delicadeza desde un gran bosque de palmeras hasta el Domingo de Ramos, el Huerto del Cura y la Dama.

La noticia también apareció en el nº 11 de *Destellos* de 15 de mayo con la siguiente nota:

Miguel Hernández (el pastor poeta) y Antonio Mateo han sido galardonados con el primero y el tercer premio respectivamente en el Certamen Literario organizado por la Sociedad Artística

"Orfeón Ilicitano". *Destellos* felicita con entusiasmo a los jóvenes poetas oriolanos, y se congratula que, muchachos como Hernández, colaborador de esta revista, y Mateo, hayan obtenido tan resonante triunfo

(*La Orihuela de Miguel Hernández*, VV.AA., "La prensa oriolana en tiempos de Miguel Hernández, Juan José Sánchez Balaguer, 2011, p. 109)

Así lo relata el propio Carlos en carta a Francisco Martínez Marín:

> "*El Canto a Valencia* —no estoy muy cierto de que se titulara así— se lo premiaron en Elche. Cuando recibió el telegrama donde le notificaban tan fausto acontecimiento, saltó materialmente de alegría, y agitando el azul y leve papelito en su mano ruda, como hecha de corteza de olivo, con un fulgor de júbilo en sus ojos impresionantes, me decía: ¡Mira Carlos, mira! ¡Me han dado el primer premio en Elche! ¡Viva la poesía, y yo y tú! Con los dineros que recaudó de la leche aquella noche alquilamos un detonante *Ford* [con el dinero obtenido ese día de la venta de la leche] y llegamos a la ciudad de las palmeras a las doce y pico. Todo silencioso y desierto... Preguntamos a un sereno — ¡Che, oiga— la dirección, o mejor dicho, por dónde caía la dirección del Secretario del Certamen. Después de mucho andar, desandar, llamar, molestar —tal era nuestra impetuosa, nuestra impaciencia y brava ingenuidad—, nos dijeron que el premio no se podía entregar aquella noche, a aquellas horas. Que lo mandarían. Decepción... —Pero ¿qué es el premio, en metálico?— quisimos saber —No; un objeto artístico...» ["una magnífica escribanía -estuche para plumas y un tintero- de plata, según consta en el acta del jurado del certamen]. Sí, fue un pobre objeto y aún más pobre como obra de arte: una escribanía. A los dos o tres días fuimos a venderla para restituir a su padre «los cuartos de la leche», y aún nos faltaron cuatro pesetas. (Carta de 9 de marzo de 1951)

Veinte años más tarde en carta a la especialista hernandiana María de Gracia Ifach (1905-1983), le cuenta que vendieron la escribanía en una papelería y objetos de escritorio, donde el "beatífico y piadoso dueño" le pagó por ella 30 pesetas, la sexta parte de su valor comercial, según comprobaron después al preguntar por otra escribanía (Carta de 23 de septiembre de 1971).

Es decir que podía valer unas 180 pesetas de las de 1931. Si tenemos en cuenta que el salario medio de un trabajador en 1931 era de 3 pesetas al día. Pensamos que Fenoll se equivocó en el precio. Para reparar la falta del dinero de la leche a su padre, vendieron la escribanía de plata, e incluso así faltaría dinero, que seguramente recurriría al bolsillo de Carlos que no le negaba ningún tipo de ayuda.

El 28 de marzo de 1934, en una despedida de Miguel en su segundo viaje a Madrid, Ramón Sijé organizó un recital en el Círculo de Bellas Artes de Orihuela con la participación del doctor y escritor José María Ballesteros, el propio Sijé y Carlos Fenoll. De dicho acto Sijé escribió un artículo titulado" "Un acto simpático. Despedida de Miguel Hernández", que permaneció inédito hasta la su publicación por Vicente Ramos en *Miguel Hernández*, Gredos 1973, pp 139-141, donde dice:

Otros aplausos: Carlos Fenoll, poeta enlutado y blanco panadero, saluda líricamente a Hernández, al hermano; luego hala – o canta- con la voz del de Moguer.

En la tarjeta postal enviada por MH a Carlos desde Puertollano en marzo del 36, le dice, "Ya hablaré contigo mucho en Orihuela. Espérame por Pascua", se refería a la Pascua de Resurrección coincidente con la Semana Santa, si hubiera habido, pues en 1936 se habían suspendido la Semana Santa con el pretexto de mantenimiento del orden público, y ese año no hubo procesiones (Orígenes de la Junta Mayor de Orihuela)

Cuando Miguel estuvo en Orihuela y leyó "Evocando a Ramón Sijé" (Alocución), encaramado a una escalera el 14 de abril de 1936, Carlos asistió al acto:

La foto de Miguel me ha impresionado mucho. Yo estaba presente en aquel acto, pero ignoraba la existencia de este valioso documento gráfico. (Carta a Ezcurra de 1961, publicada en la revista *Oleza,* junio 1961).

Miguel se volvió a marchar a Madrid, después volvió a Orihuela el 29 de julio del 36 para ultimar los detalles del tercer número de *Silbo;* parece que el inicio de la guerra y por ciertos desacuerdos con el "Grupo Silbo" no la edita. Miguel marcha para la capital de España y el 23 de septiembre se incorpora voluntario al Quinto Regimiento. Se volvieron a ver el 9 de marzo del 37 en Orihuela donde Carlos y Poveda serán los testigos de la boda civil de Miguel y Josefina Manresa Marhuenda. A partir de esta fecha no tenemos constancia de encuentros entre ellos. Hay una carta de Miguel enviada a la familia Fenoll de 31 de mayo de 1939 desde la prisión de Torrijos. ¿Por qué se rompió la amistad? No lo sabemos. Ya que Carlos evitó siempre hablar del tema.

5.- Publicaciones oriolanas de los años 30 donde publica Carlos

Como podemos comprobar, la producción periodística fue considerable en los años 30, hubo gran competencia en sacar cultura, noticias y deportes. Fenoll participó en numerosas revistas con sus poemas, publicará las revistas *Actualidad, Renacer, El Pueblo de Orihuela, Voluntad, Destellos, Juventud Mariana, Momento, Semana Santa.* No publicará en *El Clamor de la verdad* ni en *El Gallo Crisis,* a pesar de considerarse amigo de Ramón Sijé, promotor cultural.

Sijé descubrió a Poveda en 1928, y luego éste a Carlos y éstos al "Visenterre", no conocían su nombre y apellidos, por eso, ellos cuando recibieron un soneto en alejandrinos perfecto, "El Nazareno", desconocían el verdadero nombre del autor firmado como Miguel Hernández Giner, usando el segundo apellido de su madre.

Sobre cómo se conocieron Sijé y Hernández disponemos de dos versiones, la de Poveda y la de Vicente Ramos; Vicente Ramos escribe:

La amistad entre Miguel Hernández y José Marín Gutiérrez (Ramón Sijé) nació muy posiblemente a comienzos de 1930, en los locales del Círculo «El Radical», llamado con mayor propiedad «Casa de la Democracia». Este centro, inaugurado hacia 1922, se estableció en la calle Unión Agrícola, frente a la Glorieta, y estaba presidido, en 1930, por don Ricardo García López. La sociedad editaba el semanario «El Radical», defensor de la política de don Alejandro Lerroux, y a la vez recibía periódicos de Alicante y de Madrid. (*Miguel Hernández*, Gredos, 1973: 110)

La versión de Poveda es la siguiente:
Llegaba el poeta de la huerta de Orihuela y hacía su entrada con el rebaño de cabras por las puertas de la ciudad que dan al antiguo Colegio de Santo Domingo, que viene quedando exactamente detrás de la casa donde él vivía. Cargaba ese día sobre su cuello un chotillo recién nacido. Carlos, Sijé y yo nos adelantamos a su encuentro, como si nos hubiéramos hallado con un personaje de leyenda, y estrechamos su rústica mano de pastor, y él se rió y se alborozó: ya tenía tres amigos verdaderos. Empezaba a caminar el año de 1930.
Desde aquel día nos hicimos íntimos amigos de Miguel. Hasta entonces, éste, no comentaba con nadie de Orihuela lo que iba naciéndole de su pluma. (Edición de Oasis S.A., México, 1975: 38)

Veamos la prensa donde publica el grupo de amigos de la llamada "Generación olecense de 1930", cuyas publicaciones pueden ser referentes y conducto conector:
Semanario *El Pueblo de Orihuela*, dirigido de facto por el vicario general de la diócesis don Luis Almarcha Hernández, del 3 de marzo de 1924, a abril de 1931, sede en la calle Mayor 40, tenía el respaldo de la Federación de Sindicatos Católicos y de la Caja Rural Central.
Semanario *Actualidad*, director Alejando Roca de Togores, redactor Tomás López Galindo, salió del 25 de febrero al 26 de febrero 1931.
Semanario *Renacer* de tendencia socialista, director José Escudero Bernicola, le sustituyó Francisco Abad Torres, salió del 7-10-29 al 23-05-31, tenía su sede en Casa del Pueblo.

Quincenal *Voluntad*, cultural, dirigida por José Ramón Marín Gutiérrez, así como varios compañeros de Santo Domingo: Álvaro Botella, Emilio Salar, Tomás Martínez. A partir del número 3 accedió a la dirección Manuel Martínez Fabregat (de una forma nominal por ser mayor de edad). Como redactores aparecen Miguel Hernández, Carlos Fenoll, Jesús Poveda, Botella, Antonio Esteban, Abelardo Lorenzo Teruel... Salió del 15-03-30 al 30-08-30. Se editaron 13 números. Carlos publicó en cuatro de ellos.

Quincenal *Destellos* de orientación literaria lo fundaron José María Ballesteros y Ramón Sijé, figuran como redactores Miguel Hernández y Carlos Fenoll. Se publicó del 15-11-30 al 15-05-31), Carlos figura como redactor, colaboró en tres números. En 1931 Sijé inicia los estudios de Derecho en la Universidad de Murcia.

Un único número de *El Clamor de la verdad*, homenaje a Gabriel Miró, publicado el 2 de octubre de 1932, por iniciativa de Ramón Sijé. Colaboraron numerosas firmas; pero Fenoll no aparece en la publicación, posiblemente por las razones apuntadas de estar haciendo el servicio militar. Por ello tampoco aparece Jesús Poveda.

La revista de pensamiento teológico filosófico *El Gallo Crisis* liderada por Ramón Sijé y fundada por el grupo de la tertulia del Palace Hotel e integrada por intelectuales como el capuchino Fray Buenaventura de Puzol (en el siglo Julio Esteve Flors), Tomás López Galindo, abogado; Juan Colom, catedrático de Filosofía; José María Quílez, notario; Jesús Alda Tesán, profesor de Literatura; y Juan Bellod Salmerón como secretario. De periodicidad estacional de fiestas religiosas. Salió del 14 de mayo del 34 a la Pascua de Pentecostés, es decir, sobre mayo de 1934. Duración un año, cinco números, el último 5-6 doble. En esta revista no colaboraron ni Fenoll ni Poveda, sí Miguel Hernández.

Semanario *Acción*, órgano de los conservadores oriolanos de Acción Popular, la redacción se encontraba en calle Colón, 3, comenzó a publicarse el 24 de marzo de 1935 y el último número que se conserva es precisamente el nº 41, número que salió el 30-12-35, con varias páginas dedicadas a la muerte de Ramón Sijé, donde colaboran José María Quílez, Augusto Pescador, José Calvet, Juan Bellod Salmerón, Jesús Poveda, Tomás López

Galindo y José María Olmos. No colaboró Fenoll, desconocemos las causas. ("La prensa oriolana en tiempos de Miguel Hernández, de Juan José Sánchez Balaguer, en VV.AA. *La Orihuela de Miguel Hernández* (1910-1942: 116).

La hoja de poesía o revista *Silbo,* 4 páginas amarillas, fue fundada por Carlos Fenoll, Jesús Poveda, Justino Marín (Gabriel Sijé), Ramón Pérez Álvarez como secretario, colaboradores Miguel Hernández y Alfredo Serna. Efrén como encargado del reparto en bares y peluquerías de Orihuela, unos 150 ejemplares. Salieron dos números el de mayo y el de junio de 1936, el tercer número se quedó prácticamente preparado. El inicio de la sublevación militar fue su guadaña.

6.- Carlos no participó en el homenaje a Gabriel Miró de 1932

Hemos investigado con gran interés las causas por las cuales Carlos no aparece en *El Clamor de la verdad* ni en testimonios de coetáneos asistentes al homenaje de su admirado Gabriel Miró, hecho puntual de gran resonancia en aquellos días; a pesar de encontrarse, según todos los indicios en Orihuela, pues no fue llamado al servicio militar hasta 1933.

Para José Muñoz Garrigós:

Poveda está fuera de Orihuela a partir de 1932 (...) Si hasta ese año no va Ramón Sijé, ni, por supuesto, su hermano Justino; si Miguel está en Madrid y, cuando regresa a Orihuela, Sijé se va al campamento universitario de Sierra Espuña; si en 1933 es Carlos Fenoll quien se marcha al servicio militar... *(Vida y Obra de Ramón Sijé*, José Muñoz Garrigós, 1978:70)

Si seguimos la indicación del propio Carlos, lo situamos el 7 de octubre del 34 en Barcelona en la revolución de octubre, como soldado de Intendencia:

Bajo el honroso uniforme Intendencia militar española, tuve la suerte de intervenir en la represión a la avalancha revolucionaria de octubre de 1934, en Barcelona.

34

Digo que tuve la suerte porque así es, ya que toda la tropa se ofrecía espontáneamente a salir a la calle; prueba de ello es que decía un jefe: "dos individuos para escoltar un coche", y acudían en el acto, precisamente, dieciséis, mosquetón en ristre y la ansiedad en los ojos. Había que tener suerte para salir a la calle a romperle la crisma al primer revolucionario que se pusiera por delante.

("Hace un año" publicado en "El Día", Alicante, 7 de octubre, de 1935)

Según el análisis de Vicente Ramos sobre la poesía de Carlos, está haciendo el servicio militar en Barcelona en octubre de 1934:
Hagamos aquí memoria de cuán tristemente dejó huellas en su alma la revolución de octubre de 1934, contra la que luchó en Barcelona como soldado. (I.E.A. nº 12, de 1974: 69)

Según Cecilio Alonso en cronología de Manuel Molina, *Versos Escogidos* de 1992, escribe:
«1932. El 2 de octubre asiste junto a sus amigos mayores Miguel Hernández, Carlos Fenoll y Ramón Sijé a la inauguración del busto de Gabriel Miró en la Glorieta oriolana. Aquel acto literario y las tensiones que despertó con la presencia de Giménez Caballero, Carmen Conde y Antonio Oliver Belmás influyeron decisivamente en el despertar de su interés por la literatura.»

Lo cual, contradice la hipótesis de su ausencia física en Orihuela. No obstante, creemos que no estaba, pues si es a final del 33 cuando marcha a Barcelona, ¿cómo justificar su ausencia el 2 octubre de 1932 en el homenaje al maestro e inventor de *Oleza*, muerto dos años antes en Madrid el 27 de mayo de 1930? ¿Por qué no aparece con alguna colaboración en *El Clamor de la verdad*? ¿Cómo es posible que Ramón Sijé no hubiera contado con él, si en esos años ya rondaba a su hermana?
Un dato interesante es que Jesús Poveda, de la misma quinta que Carlos, en noviembre está haciendo el servicio militar en la Base de Submarinos de Cartagena, por dos años, lo sabemos por la carta de Miguel el 2 de noviembre de 1932 (*O.C.*2303), donde

le pregunta a quién tiene que dirigir la instancia para irse a la Marina.

El poeta-panadero se consideraba mironiano; le había escrito un poema "Gabriel Miró, en su obra *Las cerezas del cementerio*", 1930; más tarde en *Juventud Mariana* 1948; y "Recordando a Gabriel Miró" *Ifach,* Alicante en 1949, en el XIX aniversario de su muerte. Creemos haber apreciado un error en la bibliografía de poemas recopiladas cronológicamente en *Canto encadenado,* 1978 de Manuel Molina, página 104, pues donde dice "Elegía a Gabriel Miró", de 1948, debe ser "Elegía a Gabriel Sijé", puesto que la revista *Juventud Marina*, nace en 1949, y no en 1948, fundada por Francisco Martínez Marín. En el nº 7, p. 9 de septiembre de 1949, aparezcan publica "Elegía a Gabriel Sijé".

Había leído las obras del prosista alicantino y en algunos poemas vemos su influencia y su nueva estética. La llamada "La generación orcelitana del 30", tomó su nomenclatura por la muerte de Miró, bautizada y comentada por Vicente Ramos en 1965 *Literatura Alicantina.* Aunque Adolfo Lizón habló del "Grupo de Orihuela" en el diario *Mediterráneo* de Castellón en 1950, según Luis Mariano Abad y José Antonio Torregrosa.

Fenoll no aparece en los trabajos publicados en el número especial *El Clamor de la verdad. Cuaderno de Oleza consagrado al poeta Gabriel Miró",* título tomado de un diario apócrifo del que se hace referencia en *El obispo leproso,* ni en el acto del descubrimiento del busto de Miró por José Séiquer Zanón en la Glorieta el 2 de octubre de 1932, ni en la carta de Carmen Conde a José Muñoz Garrigós 18 de enero 1984 sobre el incidente suscitado con el discurso falangista de Ernesto Giménez Caballero (Gecé) con Antonio Oliver, con la intervención de Hernández:

> "Nos llevaron a todos a comisaría. Miguel con nosotros siempre, totalmente. El Sr. Gobernador quiso saber quiénes éramos y, al saberlo, ordenó que nos soltaran".

Años después, en *Memorias de un dictador,* 1979 Gece tildó a Miguel y a Sijé de amigos "fascitizantes" en aquel rincón levantino, cuando en esos años aún no se había fundado la Falange en Orihuela, pues la fundaría Juan Bellod en 1934.

En cambio, Poveda sí se auto-sitúa en Orihuela en el descubrimiento del busto, durante un permiso cuando estaba haciendo la mili en Cartagena (1975:42), y no agrega nada nuevo de lo ya sabido en las *Memorias de un dictador* Gecé 1979, o el libro de Claude Couffon de Losada de 1967.

ACTIVIDADES POÉTICAS Y LITERARIAS

1.- Grupo de la Tahona

Como ya hemos comentado el poeta-panadero apenas tenía tiempo para dedicarles a los amigos, por ello los invitaba a ir a la tahona, donde con el calor del horno y de las tortas de pan y aceite, lograba atraerlos. Aunque algunas veces salía con algunos amigos para tomar unos vinos, oír cante jondo y acudir a alguna feria de pueblos cercanos. "Ni generación, ni tertulia propiamente dicha -escribe Ramón Pérez Álvarez-, puede hablarse, a lo sumo de grupo compuesto por MH, Fenoll, Justino Marín, Jesús Poveda y yo, secretario de la revista *Silbo*".

Según confesó Fenoll a José María Balcells en una entrevista en Barcelona, en aquellos años de la juventud de Hernández se estaba debilitando el ambiente caciquil de la villa y las relaciones entre los diversos estamentos sociales empezaban a fluir " (*Miguel Hernández corazón desmesurado*, Dirosa, 1975 p.10).

Se había entrado en una época nueva cuando se estableció en Orihuela el sindicato socialista en la década de 1920, y se creó la Casa del Pueblo; desde el sindicato surgía una conciencia popular reivindicativa, opuesta al confesionalismo tradicional de las élites sociales. La Casa del Pueblo tenía una biblioteca donde acudían con regularidad Carlos para pedir libros prestados, donde según la versión de Vicente Ramos conoció a MH (Gredos, 1973:106). El sindicato inició la publicación del semanario *Renacer* en octubre de 1929 dirigido por José Escudero Bernicola, hasta su nombramiento como gobernador civil de Salamanca.

MH había establecido amistad con Ramón Sijé y Jesús Poveda Mellado desde la revista *Voluntad*. A finales de noviembre de 1931 viajó a Madrid hasta mayo de 1932, donde mantuvo fluida correspondencia con Ramón Sijé y, aprovechó, para enviarle recaditos a Carlos en la correspondencia.

Poveda se contradijo sobre Ramón Sijé. En el homenaje publicado en *Acción* de 1935, escribe:

Él engendró [se refiere a Sijé] en nosotros –captados por el instinto—la supremacía del alma: nuestro "yo" se había elevado, y merced a su perseverancia luchamos con el cerebro. Apenas si había hilvanado cuatro renglones en un papel blanco –que se quejaba de aquella ignominiosa manía—y corría en busca de mi amigo, que así lo conceptuaba con improperio, pues en realidad era más que amigo: maestro--, y le daba a leer mi trabajo literario. Nosotros éramos, entonces, los eternos gallos: me corregía el trabajo al instante con una delicadeza y bondad...

Años más tarde, Poveda, en su libro de México dice lo contrario (1975:48):

Para otra aclaración pertinente, debo decir que Sijé nunca fue guía de nuestra tertulias literarias [luego está confirmado lo de una tertulia] de la calle de Arriba. Jamás tomó parte en ellas.

Lo que suponemos y es cierto, es que Sijé acudía desde 1932 de siete a nueve de la tarde a la tahona a rondar a Josefina Fenoll; además estaba estudiando la carrera de Derecho. Allí escribió algunas páginas de su ensayo sobre el romanticismo *La decadencia de la flauta y el reinado de los fantasmas*, finalizado en 1935 aunque no se publicaría hasta 1973 en el Instituto de Estudios Alicantinos. Parece ser que Sijé nunca lideró el grupo de la tahona, y su inclusión en la "Generación del 30", no es más que una reconstrucción idealizada en la mente del historiador Vicente Ramos, continuada por la profesora Ana M. Reig Sempere (una tesis para licenciarse). Teorías que no han arraigado ni trascendido a la Literatura Española, creemos que ha sido sobrevalorada en exceso. A Miguel lo han situado en la "Generación del 36" a pesar de que su "opera prima" *Perito en lunas* es de 1933, Carlos no tiene libro publicado, Jesús Poveda publica en 1975, Ramón Sijé publica su libro sobre el romanticismo en 1973. O sea, que la hipótesis de trabajo iniciada y lanzada por Vicente Ramos en 1965 y seguida por Ana

M. Reig Sempere, no se ha sostenido con el tiempo. Aunque Miguel Hernández está vinculado a la Generación 36 no por su libro *El rayo que no cesa*, sino por ser "poeta de la revolución" y paradigma de los que sufrieron represión franquista, y adscrito a la Generación del 27.

Manuel Molina confesó a Jesús Poveda a su vuelta del exilio, en Torrevieja: "...lo notamos arrepentido de las cosas que había inventado... tenía 15 años [en 1932]... no nos acompañó ni a Carlos ni a mí a la Alianza de Intelectuales Antifascistas..." [en la guerra civil] (*La Lucerna*, 1995:19).

No podemos hablar de una "tertulia literaria" desde la acepción académica y rigurosa, pues se cree que ha sido una tertulia elevada al mito, un grupo de jóvenes que en momentos puntuales y determinados se reunía en torno a la tahona de los Fenoll, porque Carlos estaba prácticamente atado, "encadenado al horno", por su trabajo de panadero. Estos jóvenes que frecuentan con sus publicaciones en las revistas locales tienen altas aspiraciones literarias, sueños e ilusiones. Sus reuniones son intermitentes a lo largo de unos seis años. Lo que no cabe duda es que en el alcabor de la tahona empezaron a reunirse sobre 1929 Carlos y M.H., según carta inédita a Justo García Morales:

José Ruiz Cases, "Sesca", ha publicado una carta inédita de Miguel Hernández y Carlos Fenoll dirigida a Justo García Morales, procedente del legado de Justo García Soriano. Está fechada en Orihuela el 6 de marzo de 1930 y resulta interesante porque revela cuáles eran por estas fechas sus intereses literarios: "Nos aconsejas debemos leer a Vicente Medina, Salvador Rueda, Villaespesa, Rubén Darío, Espronceda y el gran autor de las *Rimas;* nosotros hemos leído escasas composiciones de todos los autores pero no obstante haberlos estudiado poco, somos fervientes admiradores de los indicados y, además, de Núñez de Arce, Campoamor, Gabriel y Galán y Zorrilla". (Nota de Luis Mariano Abad y José Mariano Torregrosa, 2011, p. 246)

Sijé termina Derecho en 1935, y además trabajaba intensamente en su ensayo sobre el romanticismo, poco tiempo tenía para tertulias:

Ramón Sijé había acabado la carrera de Derecho en el mes de enero de 1935 con Premio Extraordinario de Licenciatura y preparaba oposiciones a Abogado del Estado. También había comenzado a trabajar intensamente -doce horas al día- para terminar a tiempo un ensayo sobre el romanticismo español que quería presentar al Premio Nacional de Literatura, cuyo plazo de admisión de originales terminaba el 15 de noviembre. Se titulaba este trabajo *La decadencia de la flauta y el reinado de los fantasmas. Ensayo sobre el romanticismo histórico en España (1830-Bécquer).* Consiguió participar en la convocatoria, si bien parece ser que el ensayo no fue tomado en consideración por el Jurado al estimar que no se ajustaba a las bases. No ganó el Premio, por tanto, ni Sijé supo el resultado del concurso, ya que éste se hizo oficiosamente público en el periódico madrileño *La Libertad* de fecha 2 de enero de 1936, y, oficialmente, unos días después, el 8, en la *Gaceta de Madrid.* ("Miguel Hernández y el ensayo de Ramón Sijé sobre el romanticismo". Gaspar Peral Baeza, *El Eco Hernandiano,* 9 primavera 2006)

La amistad entre Carlos y Ramón Sijé surge durante los primeros meses, años de los 1930 y 31 cuando colabora en las revistas *Voluntad* y *Destellos* -ambas codirigidas por Ramón Sijé- pero pasados los años esta amistad se debió enfriar pues no contó con Carlos en el Homenaje a Gabriel Miró en el número único del *El Clamor de la verdad* ni en *El Gallo Crisis,* donde sí colaboraba el grupo de intelectuales más selectos de la tertulia del Palace Hotel, era secretario Juan Bellod Salmerón. Quizás sus trabajos no merecían un valor literario mínimo requerido o por su conocida indolencia. Tampoco aparece Poveda por estar en la mili aunque él dice que estuvo en el homenaje coincidiendo con un permiso (1975:42)
Tampoco hay constancia documental que estuviera presente en los actos organizados por Ramón Sijé y gestados por Juan

Bellod, Mariano Cremades, Tomás López Galindo, Plácido Gilabert, Augusto Pescador, José María Olmedo y Alfredo Serna.

Suponemos que el poema fenolliano "Súplica", de 1932, con la dedicatoria "A Ramón Sijé al empezar mi senda" (no publicado hasta 1978 en *Canto encadenado,* de Molina) desprende un sabor de acidez y enfado, posiblemente tras conocer su exclusión en *El Clamor de la verdad*, donde no se ha contado con él, sí en cambio, se contó con Miguel Hernández y los amigos de Cartagena: Antonio Oliver, Carmen Conde, María Cegarra y Raimundo de los Reyes.

Si escenificamos dicho poema, más o menos le dice a Sijé: "parece mentira que tú, hermano sentimental, no consientas que yo, enfermo de ilusiones, caiga, roto y sin fe, en mi primer camino, dame tu mano, tu fe, y tu luz..." El entrecomillado es nuestro.

Por último tenemos la versión de Vicente Ramos, que junto a Manuel Molina enredaron en el asunto de la tertulia que los demás niegan:

A nuestro criterio, el tercer y definitivo paso para la total constitución del Grupo de la Generación Olecense de 1930 fue la amistad entre Carlos Fenoll y Ramón Sijé, lograda a través de Miguel Hernández [Según Poveda fue él quien presentó Sijé a Carlos]. Luego, sin tardanza, se iniciaron las tertulias en la tahona de Fenoll, engrosadas más tarde con la presencia del oficinista Jesús Poveda, del molinero Jesús [sic] Murcia Bascuñana, Antonio Gilabert Aguilar, primo de Miguel; Efrén, hermano de Carlos, y Manuel Molina. [Quien se instaló en ella al convencer a Carlos de que él era el Benjamín de la tertulia. A pesar de que había vivido de niño en Barrio Nuevo, muy cerca de la calle de Arriba]. [Gredos, 1973:111]

El 29 de marzo de 1936 se celebró en el Salón de Actos del Instituto Nacional de Segunda Enseñanza de Orihuela (situado primero en el Colegio de Santo Domingo, administrado por los Jesuitas y trasladado durante la Guerra Civil al también Colegio de Jesús María) un certamen literario por el I centenario del nacimiento del gran poeta del romanticismo   Gustavo Adolfo Bécquer (Gustavo Adolfo Domínguez Bastida nació en Sevilla el 17 de febrero de 1836), donde Carlos, junto a Gervasio Moreno, Luis Bueno, Carlos López, Joaquín Cárceles, Manuel Martínez y Justino Marín, participó en el recital con tres poemas becquerianos: "¡Dios mío que solos se quedan los muertos!", (Rima LXXIII) "Volverán las oscuras golondrinas" (Rima LIII) y "Bécquer duerme", poema de González Marín.

Miguel no participa aunque estaba en Orihuela, descansando después de las Misiones Pedagógicas por Andalucía. El 14 de abril pronunciará su famosa alocución en homenaje a Ramón Sijé subido en una escalera, acto al que asistió Carlos.

Años después de la muerte de Sijé, Carlos escribió "Ramón Sijé, en su nido de amor", donde recuerda los años en que éste festejaba a su hermana, veamos un fragmento:

En la denominada calle de Arriba, de Orihuela, vivió la única novia de Ramón Sijé hija de padres artesanos y hermana mía, hoy residente en la América del Norte [...] Muchas frases y pensamientos de su "Estudio sobre el Romanticismo" los expresó Ramón Sijé, bruscamente, a lápiz sobre el mármol del mostrador de nuestra panadería durante las horas de la noche – de siete a nueve-, rigurosamente, que disponía para su coloquio amoroso [...] Y hemos quedado solos tú y yo, Calle de Arriba... Y hoy que tantos pájaros cenicientos picotean mi corazón, he de besarte. (Revista *Estilo* de Elche, 1947. Y en *Juventud Mariana*, Orihuela nº 16, julio y agosto de 1950, p.15)

Entre el 1934 a primeros de 1936 no hubo alcalde en Orihuela, sino Comisiones Gestoras.

2.- El Grupo Silbo

El Grupo Silbo renace de la tahona y se fortaleció con el nacimiento de la revista u hoja de poesía *Silbo* (dos números, mayo y junio de 1936), nunca una revista voló tan alto en Orihuela.

Los fundadores fueron Carlos Fenoll, Jesús Poveda, Gabriel Sijé, Ramón Pérez Álvarez como secretario y ayuda económica del farmacéutico Alfredo Serna. Miguel Hernández participaba buscando colaboraciones de sus amigos poetas de Madrid, y Efrén Fenoll colaboraba en el reparto en Orihuela- hemos de tener en cuenta que Efrén había nacido el 18-02-1917, por ello tenía 19 años en el 36. Fue un cometa que voló muy alto, se confeccionaba en papel amarillo con el que los niños confeccionaban cometas, según manifestó Efrén.

Según Jesús Poveda, Fenoll guardaba en su archivo la correspondencia cruzada con ocasión de la publicación de *Silbo*, así como los originales de Juan Ramón Jiménez y de otros poetas. *Silbo* fue financiado por Alfredo Serna, que aportaba 20 pesetas, y Carlos Fenoll, Jesús Poveda, Justino Marín y Ramón Pérez, que aportaban 10 pesetas cada uno, lo que coincide con el coste de sesenta pesetas. El nombre lo sugirió Miguel de su poema "Silbo de afirmación en la aldea". La dirección era Libertad-Panadería, según Poveda era mejor esta dirección que la de Arriba, 5, para evitar la similitud de "Arriba España" de Falange; aunque nuestra opinión nos lleva a pensar con más sentido porque la calle Arriba se denominaba Libertad en tiempos de la República. (*Miguel Hernández. pasión, cárcel y muerte de un poeta*, de José Luis Ferris, ediciones Planeta, 2010, pp346-347. Edición actualizada).

En carta de ¿mayo? de 1936, posiblemente la carta sea de junio o escrita a lo largo de un periodo de dos o tres semanas "Señor director de *Silbo*, es muy bonito el segundo número..." Cuando el segundo número había salido en junio, le comenta que ha recogido el paquete con los 50 ejemplares, es decir, Miguel se encargaba de venderlos en Madrid, aunque no con mucha fortuna.

Miguel dijo que se esperara para el tercer número que dejó de publicarse aunque estaba prácticamente listo. Miguel fue a Orihuela el 29 de julio, adelantó que traía un poema de Vicente Aleixandre y un soneto de un poeta novel sevillano. El inicio de la guerra suponía un duro golpe a la revista, las ganancias no fueron las esperadas, y por el carácter acaparador del "Visenterre", adivinamos que debió haber una fuerte discusión entre ellos al saldar cuentas.

El título *Silbo,* lo inspiró el propio Miguel -recuérdese su poema "Silbo de afirmación en la aldea" o su libro inédito *El silbo vulnerado-*. Ilustrado con viñetas de Maruja Mallo y Francisco Díe. Eran unos pliegos color amarillo confeccionados en papel con el que los niños hacían cometas porque era barato; constaban de cuatro páginas y tenían un formato de 30 x 21 centímetros.

La tirada total del primer y segundo número fue de 300 ejemplares; de ellas, 150 se repartían por comercios de Orihuela, llegando a pagar a la imprenta del Ofertorio Festivo 60 pesetas por número o tirada, gastos que financiaban en un 60% los miembros del consejo de redacción y, el resto, el farmacéutico Alfredo Serna. El pintor Francisco Díe fue quien se ocupó de diseñar el rótulo y un dibujo, toda vez que la colaboración más notable fue la de la pintora Maruja Mallo, que se encargó de ilustrar las viñetas de la revista nº 1, el nº 2 no lleva viñetas de ningún artista.

A comienzos del mes de junio, MH recibe los primeros ejemplares de la revista en Madrid para venderla, pues era un auténtico valedor, desviviéndose por distribuirla entre las amistades y logrará que el crítico Pérez Ferrero se dignase a sacar una reseña en *El Heraldo de Madrid*.

La interrupción de la edición llegó el 17 de julio de 1936 con el alzamiento militar en el norte de África y el comienzo de la guerra civil, con la "dispersión de los silbadores". La contienda acabó frustrando el último proyecto del grupo poético de Orihuela; el tercer número se quedó en el mostrador de la imprenta sin llegar a distribuirse. *Silbo* no voló mas entre las aves literarias. Algo semejante sucedió con la revista madrileña *Caballo Verde para la Poesía*, dirigida honoríficamente por Pablo Neruda, aunque los verdaderos directores eran Manuel Altolaguirre y su mujer Concha Méndez. "Todo se hallaba listo y se coserían los pliegos al día siguiente cuando estalló la Guerra Civil -confesaba el poeta chileno años después-. Ésta venía de África y España se llenó de fusiles. No hubo ya tiempo para libros".

Parece ser cierto que los ejemplares que no se vendieron los quemó Carlos en el horno, de aquí que solamente sobrevivieran unos pocos ejemplares de los que se hicieron facsímiles por la revista oriolana *La Lucerna*, 1997, y posteriormente Visor Libros, 2006, con presentación de José Luis Ferris "*Silbo, 1936, entre versos, panes y lunas*" y *Silbos* de la Asociación de Amigos de MH de Madrid.

Años después, se le unió al "Grupo Silbo" un apócrifo "el oriundo Manuel Molina" una falacia de Carlos en un prólogo de 1955 al libro *Versos en la calle*.

Poetas publicados en el n° 1 de *Silbo* fueron:
Juan Ramón Jiménez, Miguel Hernández, Enrique Azcoaga, Alfredo Serna, Vicente Aleixandre, Antonio Oliver Belmás, Jesús Poveda y Carlos Fenoll. Ilustraciones de Maruja Mallo.

Poetas publicados en el n° 2 de *Silbo* fueron:
Pablo Neruda, Luis-Enrique Délano, Ramón Pérez Álvarez, Lucio Ballesteros Jaime, Jesús Poveda, Carlos Fenoll, Ramón Castellanos, Carmen Conde y Justino Marín

Lo cierto es que toda revista tiene la importancia y el valor de sus colaboraciones, y ésta sin duda la tenía, cuando tiempo después hemos podido comprobar que publicaron tres Premios Nobel de Literatura: Juan Ramón Jiménez, Pablo Neruda y Vicente Aleixandre, ¿Qué más se podía pedir? La idea de publicar a popes de la poesía madrileña era acertada, pues siempre, además de publicidad daba tirón en ventas. Y por otra parte, estos excepcionales colaboradores podían ofrecer amistad y otros contactos. A MH le costó cinco años conseguir la amistad de Juan Ramón Jiménez, empezó con una misiva laudatoria en 1931 hasta conseguir que éste le dedicara una crítica de lo más elogioso en el diario madrileño *El Sol*, el 23 de febrero de 1936. Ello se debió al encuentro personal que tuvieron el poeta-pastor y el autor de *Arias Tristes* en enero del 36, gracias a la mediación de Juan Guerrero Ruiz, secretario del Ayuntamiento de Alicante con quien se carteaba. Había escrito "Elegía a Gabriel Miró", dedicado a *J.R.J* (Juan Ramón Jiménez), que se publicó en el diario *La Verdad* de Murcia, en junio de 1933. Miguel le hizo llegar este poema a Juan Ramón Jiménez a través del amigo común Guerrero Ruiz. El 18 de junio de 1933, Miguel escribe desde Orihuela a Guerrero Ruiz:

"Leí su tarjeta, amigo Guerrero. ¿No ha leído en *La Verdad* mi otra elegía de nuestro Gabriel Miró, que le dedico a su amigo Juan Ramón Jiménez? ("La influencia estética de Gabriel Miró en Miguel Hernández", Autor de este artículo en *Letralia* n° 225, 2010, Cagua (Venezuela).

Una segunda visita al "maravilloso poeta" Juan Ramón, la realiza el 27 de abril del 36, según carta al "cónsul de la poesía española", Juan Guerrero Ruiz (*El Madrid de Miguel Hernández*, Francisco Esteve, Madrid, Fragua, 2012, p. 55)

José Antonio Expósito (*El Cultural, de El Mundo,* mes de enero 2009) publicó un poema inédito de Miguel dedicado a Juan Ramón de 1931, titulado "A Juan R. Giménez" [sic, con G y no con J], descubierto en la Sala Zenobia-Juan Ramón de la Universidad de Puerto Rico en Río Piedras. *En la senda culibriforme/ se va con sumo interés./ Acaba la tarde. Enorme,/ trepa la luna a un ciprés./...* Es decir, que Miguel le dedicó dos poemas y no uno como se creía. Lo cual evidencia el interés que tenía por logra la amistad del sumo pontífice de la poesía.

Con Pablo Neruda no tenía problemas para pedirle una colaboración le había conocido el 6 de diciembre de 1934 en una conferencia que daba el chileno en la Universidad de Madrid; y con Vicente Aleixandre tampoco, se conocían desde abril o mayo de 1935 pues le visitaba casi semanalmente en su casa de Velintonia, 3 de Madrid.

Cuando los "silbadores" oriolanos recibieron el poema de Juan Ramón Jiménez en un telegrama lo pasearon por toda Orihuela. Debió suponer una gran alegría recibir y publicar un trabajo de un poeta al que se admira y venera desde joven, Carlos contó en entrevistas a J. María Moreiro en 1972:

"Cuando leía a los quince o dieciséis años a Villaespesa, Ardavín, Bécquer, Machado o Juan Ramón..."

Amistades que cultivó Jesús Poveda pues mantuvo correspondencia con Vicente Aleixandre. No así Carlos Fenoll que se había propuesto desertar de la poesía, un poeta encadenado a sus obligaciones familiares y laborales. Un poeta que, quizás temió no estar a la altura de los grandes poetas que conoció, que no se adapta a la llamada de la poesía, también es cierto que los años de opresión en la posguerra oriolana del 39 al 47 no fueron lo más favorables para la creación libre de una "poesía impura" nerudiana. Su estado anímico y sus costumbres no eran las más favorables, a los amigos que le pedían poemas, los capoteaba dando poemas ya publicados. De lo que se desglosa, es que no era un hombre arrogante, carácter propio del poeta, como para pedir favores a los que fueron sus colaboradores en *Silbo*, y hacer peticiones oficiales, actitudes propias de aquellos que esperan y desean alzarse. Por lo que perdió grandes oportunidades poéticas.

3.-El famoso librito *Poemas*

Edita junto a Jesús Poveda y Gabriel Sijé un librito *Poemas*, Silbo, 1936, 4 poemas que aparecen sin títulos, pero figuran en el sumario del libro: 1 "Esta vida interior". 2 "Quise que mi vida fuera". 3 "En el mar". 4 "Dulce fruto". Y que posteriormente fueron vueltos a publicar con títulos que corresponden, por orden de aparición, a: 1 "Esta vida interior". 2 "Quise que mi vida fuera". 3 "Ángel de la quilla verde". 4 "Primer hijo". (Los dos últimos cambiados)

En la carta de M.H. a Carlos fechada en mayo del 36 en (*O.C.*, pp. 2404-2405) escribe:

> "El sábado he podido recoger el paquete de los libros que tan enigmáticamente me anunciabas. He quedado sorprendido cuando he roto las coberturas y me he encontrado con la bonita edición que habéis hecho de tus poemas, los de Poveda y los de Justino..."

En las publicaciones del "Grupo Silbo" no aparece Manuel Molina –el benjamín- aunque Fenoll afirmara en la tardía carta de 9 de octubre de 1969 que sí lo fue. Hemos de tener en cuenta que Molina salió de Orihuela para Alicante en 1935 para trabajar con su padre que era contratista de obras con la Diputación de Alicante.

Un año antes, en octubre del 35, Fenoll debió conocer por carta de Miguel que le habían publicado el poema "Vecino de la muerte" en el primer número (octubre de 1935) de la prestigiosa revista *Caballo Verde para la Poesía*. No le pudo mandar ningún ejemplar porque solamente le dieron uno, tal y como escribe a Carmen Conde y Antonio Oliver "No puedo mandaros la revista porque no me han dado más que un número [ejemplar] (18 de octubre de 1935. *O.C.* p.2362). Fenoll escribe "Ángel de la quilla verde", donde repetirá cinco veces el sustantivo verde.

Un librito que como todo novel que se precie debe servir como tarjeta de presentación, y hay que enviarlo a todos los amigos poetas. No sabemos si Carlos lo hizo. En cambio, sí sabemos que Gabriel Sijé le envió un ejemplar dedicado a Antonio García-Molina el 6-II-42 de cuyo original la revista *Empireuma* y la Fundación Cultural Miguel Hernández editó un facsímil en septiembre de 1997.

En la madrugada del 18 al 19 de agosto de 1936 asesinaron a Federico García Lorca en el barranco de Víznar, camino a Alfacar (Granada). Jesús Poveda escribe:

> "Llegó agosto y con él la noticia que conmovió al mundo entero [...] ¡Habían fusilado a Federico! ¡En Granada! Estábamos en la tahona cuando supimos de este asesinato [...] Nos resistimos a creer semejante crimen [...] Carlos y yo organizamos en el pueblo [Orihuela] un modesto homenaje a este inmenso poeta amigo nuestro, y se llevó a cabo en el Teatro Circo de aquella localidad. Carlos recitó un poema suyo [hoy desaparecido]; yo leí unas cuartillas mías y un jovencito de unos once años (Alfredo Santos), recitó un romance que había hecho para la ocasión mi novia Josefina [Fenoll]" (1975:92-93).

Poveda no se pudo enterar de la muerte de Federico en agosto, la noticia no sería publicada hasta el 18 de septiembre, un mes después, en *El Heraldo de Madrid*:

"Todavía nos resistimos a creerlo —escribe L. Gil Belmonte— ¡Es tan monstruoso el crimen! Quisiéramos que en esta ocasión el compañero que da la noticia esté equivocado. Mucho sabemos de la barbarie, la crueldad, la sanguinaria traición de los facciosos y por eso sentimos el dolor inmenso de que el gran poeta universal Federico García Lorca haya podido caer en manos de los traidores".

CARLOS MILICIANO EN LA GUERRA CIVIL

1.-Voluntario en la Defensa de Madrid

Disponemos de dos versiones sobre Carlos en la guerra civil, una es la que aporta Poveda en su libro *Vida pasión y muerte de un poeta: Miguel Hernández*, 1975 y la de Manuel Molina. Leída la de Poveda detenidamente y desde el punto de vista militar más bien parece un relato novelado que la realidad de una acción bélica. Criterio al que llegamos si nos atenemos a lo que cuenta. Escribe que salieron en un autocar de la puerta del Ayuntamiento (alcalde Francisco Oltra Pérez) a primeros de noviembre 1936 para incorporarse voluntariamente al Batallón de Milicias republicanas, los deja en un lugar solitario a la entrada de Madrid, les dieron un Máuser y un cinturón de cartucheras, montan en un camión de carga y pasan cerca de Getafe, en cuyos alrededores tienen su "bautismo de sangre", estos ataques los fecha el 6 de noviembre. Este ataque pudo coincidir con el traslado del gobierno de la II República de Madrid a Valencia –del que nada dice Poveda-, en la capital de España se quedará el general Miaja como Presidente de la Junta de Defensa de Madrid.

También es cierto que algunos jóvenes no republicanos fueron obligados a incorporarse a servir a la República.

Los llevaban al barrio de Useras y les destinaron a una zanja donde pasan una semana hasta ser relevados y les trasladan a una casita de campo cercana. Se les pasa un mes, cerca de ellos murió acribillado el escultor Emiliano Barral (en realidad fue alcanzado por un obús el 21 de noviembre por el barrio de Useras). En una de estas refriegas de tiros en retirada Carlos y Jesús se pierden, y no sabemos cómo Jesús aparece en la estación de Atocha.

Luego -como el rucio que perdió Sancho- aparece Carlos sin más explicaciones y los amigos y paisanos vuelven a encontrarse en Madrid. Durante estos días recuerda el nombre de la calle Sánchez Barcáiztegui, donde vivía Carmen, una de las hermanas de Carlos, con su marido, pasan allí unos días. Un fotógrafo ambulante les hizo una foto delante de La Cibeles (foto que no tenemos), antes habían bombardeado el Ministerio de la Guerra, junto a La Cibeles frente al Banco de España. Sin saber cómo están adscritos como carabineros al *Batallón Trucharte* (teniente coronel de carabineros Isidoro Martínez Trucharte), con este héroe republicano estuvieron en la primera línea de fuego.

La defensa militar de Madrid estuvo a cargo del teniente coronel Vicente Rojo, bajo las órdenes del general Miaja, construyeron trincheras, nidos de ametralladoras y puestos de artillería a lo largo del río Manzanares. Dos días después de la huida del gobierno de la República a Valencia, 8 de noviembre, el general franquista Enrique Varela ordenó el asalto final contra Madrid, comenzando el avance desde la Casa de Campo hacia el Manzanares. La resistencia de las Brigadas al mando de comandantes como Líster, Barceló o Galán retrasó considerablemente el avance de las columnas sublevadas. La guerra se prologará por tres años más hasta el golpe de Segismundo Casado a primeros de marzo del 39.

En Madrid –según Poveda- Carlos y él se acercaron a la calle Marqués de Cubas la Alianza de Intelectuales Antifascistas -calle marqués del Duero n° 5, Palacio de los Heredia-Spínola-, a buscar a Miguel Hernández al que no encontraron y donde, según Poveda conocieron a Rafael Alberti (secretario), María Teresa León, al musicólogo Vicente Salas Víu, al poeta José Herrera Petere y a los escritores Lino Novás Calvo y Corpus Vargas... También visitaron por la tarde a Vicente Aleixandre, al que conocían por correspondencia porque como he comentado había colaborado con el poema "El Árbol" en la revista *Silbo*,

1936. Afirma Poveda en las páginas (1975: 115-116) que ambos publicaron en la hoja semanal *El Mono Azul* (órgano de la Alianza), Carlos un romance titulado "La Gloriosa" dedicado a la aviación republicana; y, Poveda romance dedicado a la muerte el escultor Emiliano Barral.

El hecho de publicar en esta revista de tirada nacional es sumamente relevante. Sin embargo, nunca se había publicado ni el romance de Carlos ni el de Poveda sobre la muerte del escultor Emiliano Barral. El que apareciera inédito me obligó a investigarlo fehacientemente. Por ello, pedí a César Moreno, director de la Biblioteca Pública de Orihuela Fernando Loazes, que me buscara la edición facsímil que tenían en el archivo de Ramón Pérez Álvarez, según me había indicado, previamente, Aitor L. Larrabide. El 2 de abril de 2012 a las diez y media de la mañana estaba en la sala de investigadores y tenía ante mí dos ediciones: *El Mono azul,* y *Cuadernos de Madrid*, donde se halla el índice autores e ilustraciones de *El Mono Azul*. Poniendo en el empeño la mayor atención de búsqueda posibles, me tuve que dar por vencido y convencerme de que Poveda nos había mentido. Puedo dar fe de que no publicaron en este importante medio de la Alianza y de la República. Al salir de la sala de investigadores a las doce de la mañana me encontré en el mostrador de la biblioteca al amigo José Luis Zerón Huguet, que fue al primero a quien se lo conté con todo mi enfado comentándole que Poveda era un poco "fantasma".

La Alianza de Intelectuales Antifascistas en Defensa de la Cultura publicó su famoso manifiesto en *El Mono Azul,* Año II, de 9 de diciembre de 1937, nº 44, y en *El Sol*, el 19 de noviembre de 1936 firmado por José Bergamín, Manuel Altolaguirre, Luis Cernuda, Miguel Prieto, Antonio Rodríguez Luna, Alberto Sánchez, Manuel Sánchez Arcas, Eugenio Imaz, Vicente Aleixandre, <u>Miguel Hernández</u>, Rodolfo Halffter, Bacarisse, Gabriel García Maroto, Vicente Salas Víu, Rafael Dieste, Arturo Souto, Antonio Aparicio, León Felipe, María Teresa León, Rafael Alberti, Felipe Camarero, Emilio Prados, Arturo Serrano Plaja, Antonio Machado, Ramón Menéndez Pidal, Pío del Río Hortega, Adolfo Salazar.

A María Teresa León y a Rafael Alberti les situamos en Madrid hasta finales de 1936, a primeros del año siguiente se trasladan a Valencia. El 7 de diciembre del 36 se presentó el matrimonio en el Museo del Prado para seleccionar cuadros para evacuar a Valencia y luego a Ginebra. El 28 de diciembre fue el ensayo general en el Teatro de la Zarzuela de *Numancia* de Cervantes, adaptación de Rafael Alberti.

En los meses de noviembre y diciembre situamos a Miguel Hernández con "El Campesino" (Valentín González) en Alcalá de Henares, incorporado al *Batallón del Talento*, con el periodista cubano Pablo de la Torriente Brau que le nombró jefe del Departamento de Cultura. Al periodista cubano le alcanzó un disparo de muerte el 19 de diciembre del 36, su cadáver se lo llevaron a Barcelona para embarcarlo para Cuba, como no pudo ser, lo enterraron en el cementerio de Montjüich, hechos acaecidos los primeros días del mes enero de 1937 donde situamos a Miguel, Juan Arroyo y Antonio Aparicio. Leamos una breve reseña de esta amistad.

Pablo y Miguel se conocieron una noche de noviembre del 36 en Madrid en la sede de la Alianza de Intelectuales Antifascistas, sita calle Marqués del Duero nº 5, Palacio de los Heredia-Spínola, mientras Miguel esperaba a María Teresa León. Pablo y Miguel se volvieron a encontrar varios meses después en Alcalá de Henares, aunque antes de reunirse en Alcalá habían coincidido, sin verse, en Pozuelo de Alarcón; ambos estaban destinados en el batallón conocido por *El Batallón del Talento*. Pablo de la Torriente nombró a Miguel jefe del Departamento de Cultura, o más bien agregado cultural. En dicho batallón estaba también al sevillano Antonio Aparicio, José Herrera Petere, Sánchez Vázquez, Pedro Mateo Merino, el malagueño Emilio Prados Such, Justino Frutos, al mando estaba el teniente Perea. Después de Alcalá pasaron juntos al frente de Majadahonda... donde el 19 de diciembre del 36 lo hirieron de muerte. (*Monográfico Hernandiano*, "La amistada entre Pablo de la Torriente y Miguel Hernández", Ramón Fernández Palmeral, Alicante, 2010: 36)

Disponemos de otra versión más general si cabe, si puede considerarse cierta, que es la de Manuel Molina:

Empujados por la guerra, arribamos a Madrid en noviembre del año 1936 Carlos Fenoll, Poveda y yo. En la Alianza de Intelectuales encontramos a Miguel Hernández que vivía allí junto a otros escritores del campo republicano. Nos presentó a Rafael Alberti y a María Teresa León, a Emilio Prados y Antonio Aparicio. Nos acogieron alegremente y nos proporcionaron – provisionalmente-cobijo y pan. (*Miguel Hernández y sus amigos de Orihuela*, edición de Ángel Caffarena, Guadalhorce, 1969, p. 71)

Es cierto que en 1936, con 18 años Molina se alistó junto a su hermano como voluntario en el 4º Batallón de Carabineros y fue destinado al frente de Madrid, con gran disgusto para sus padres. En la anotación cronológica de Cecilio Alonso (*Versos Escogidos* 1992) subraya que el 19 de diciembre coincidiendo con la muerte de Pablo de la Torriente, se encuentra con Hernández, en compañía de Carlos Fenoll y Jesús Poveda en el local de la Alianza de Intelectuales y después los tres amigos oriolanos fueron a visitar a Aleixandre, en la calle Españoleto 16. (A finales de octubre Aleixandre se vio obligado a abandonar su casa de Velintonia por haberse convertido en frente la zona de la Ciudad Universitaria. Se trasladan a la calle Españoleto, a casa de su tío Agustín Aleixandre).

El texto de Manuel Molina es de 1968, y el de Poveda de 1975. Dejo al juicio crítico del lector las conclusiones a las que pueda llegar. Ambos autores no coinciden.

Molina fue herido levemente en Madrid. Pasó el verano en Alicante, luego estuvo destinado en el Gobierno Militar, en la oficina de expedición de salvoconductos, es aquí donde conocerá a Vicente Ramos que había ido a pedir uno para poder circular libremente por Alicante. Por esas fechas Miguel Hernández fue al Ateneo el sábado 21 de agosto, entonces estaba en calle Villavieja 20, para dar una conferencia más que homenaje. Al terminar el acto Molina se lo presentó a Ramos.

Situamos a Carlos junto a Poveda el 9 de marzo del 37 en Orihuela donde aparecen como testigos en el Acta de matrimonio de Miguel Hernández y Josefina Manresa Marhuenda. Acta firmada por el alcalde-sastre Francisco Oltra

Pérez. Josefina escribe "porque en las circunstancias de la guerra, no había medio de celebrarlo por la Iglesia. (1980:61)

La boda se celebró a la una de la tarde en la casa de los padres de Miguel, la madre hizo arroz con costra para los invitados.

En 1937 -sin día ni mes- se ha publicado una fotografía de Carlos —sentado- con Molina, fechada en Alicante en 1937, ambos con una especie de monos, posiblemente azul el de Carlos.

El 19 de septiembre de 1938 podemos situarle en Castilla (Toledo perteneciente a Castilla la Nueva), por una carta en respuesta a otra de Poveda:

Lo que menos me podía figurar es que estuvieras en Cataluña, y aún menos en una Brigada Internacional [la 35]. Ni sabía siquiera que Josefina te va a traer una niñita [Le llamarán Yosi]. Actualmente me dedico, en compañía de los individuos que conmigo componen el equipo de "desimpregnación", a esperar pacientemente, sosegadamente, a que se arme la guerra química.

El 25 de octubre del mismo año le envía otra carta con un romance, donde comenta sobre su crónica pereza, y exalta la labor heroica de los que defienden las orillas del Ebro.

El 9 de diciembre de 1938, está de permiso en Orihuela, escribe a Poveda:

"Me he quitado del cuerpo hace un momento la ropa de paisano y llevo puesta la ropa militar. Entro en escena otra vez. De aquí a dos días ya estoy en la meseta castellana...

Poveda se encontraba en la batalla del Ebro en 1938, destinado en el Comisariado de la 35 División Internacional que contaba con dos Brigadas, la XI y la XIII, las fuerzas republicanas van retrocediendo hacia Barcelona, Gerona y Francia. Terminada la guerra estuvo en el campo de concentración de Saint Cyprien, los Pirineos Orientales, salió de él por mediación del Comité Británico para Ayuda a los Refugiados Españoles, por ser poeta y escritor, junto a diecisiete más: Ramón Gaya, Juan Gil-Albert, Miguel Prieto, Arturo Serra, Eduardo Ontañón, Francisco Gil... hasta Perpignan y luego el exilio con su mujer primero a Francia y luego a Santo Domingo y México.

Cuando Fenoll escribe de la meseta castellana se refiere a Castilla la Nueva, que era la división regional de aquellos años, tal y como lo refiere en su poema "De hoy para mañana" de marzo de 1939, donde escribe "Fue aquí, bajo los cielos/ de Castilla la Nueva!", al encontrarse en el frente de Toledo, en el cortijo Casa de Aliman. Es el 5 de marzo la fecha del golpe de Casado, por lo tanto la retirada del frente y evasión a su casa de Orihuela donde no tuvo más remedio que ocultarse como topo hasta que las aguas del huracán de la guerra se tranquilizasen... Orihuela había sido tomada por los franquistas el 28 de marzo y en todos los pueblos aledaños hubo requisas y detenciones (recordemos los campos de concentración de Alicante y Albatera, más los fusilados en los meses de octubre y noviembre en la Vega Baja).

El coronel Segismundo Casado se rebeló en Madrid contra el Gobierno Negrín y creó un Consejo Nacional de Defensa (CND). Poco antes, también se había sublevado la base naval de Cartagena. La Flota huyó y cortó toda posibilidad de evacuación masiva. Casado, que llevaba semanas en estrecho contacto con los agentes de Franco, se había asegurado el concurso de numerosos mandos militares y de una variada gama de fuerzas políticas que iban desde los anarcosindicalistas a la Agrupación Socialista Madrileña, pasando por afiliados de los partidos de la izquierda burguesa. Madrid padecía hambre y privaciones. La victoria franquista, tras la caída de Cataluña, parecía inevitable. La resistencia, utópica. La consigna casadista, paz sin represalias, resultó irresistible. El Gobierno Negrín y la dirección del PCE tomaron el camino del exilio...(*El País*, 5 de marzo de 2000).

Pensó Casado que si detenía a los cabecillas comunistas y se los entregaba en bandeja de plata al Generalísimo, éste le perdonaría y le restituiría como coronel del Ejército Nacional. Lo que no sabía es que Franco quería una rendición sin condiciones.

2.-La posguerra

En marzo de 1939, la 65º Brigada Mixta de Orihuela se posicionó con el pensamiento del coronel Casado. El 28 de marzo numerosos oriolanos salieron a las calles para vitorear a la nueva España de Franco con banderas nacionales, falangistas y carlistas; el 2 de abril entró en la ciudad del Oriol el 6º Batallón de Montaña Arapiles nº 7, que se instaló en un primer momento en el edificio del Colegio de Santo Domingo.

En la retirada de marzo, Carlos que estaba cerca de Toledo, regresó a Orihuela y no tuvo más remedio que ocultarse en su casa de la calle del Horno, para evitar ser detenido como otros oriolanos señalados como "rojos" por haber participado en el frente con los republicanos. Existe una latente paz peligrosa. Había comenzado un periodo de desarme y adhesión forzosa al nuevo régimen del nacional-catolicismo con apoyo de la falange local. Empezaron a detener a los miembros que habían pertenecido a la CNT (Confederación Nacional del Trabajo de ideología anarquista). En los meses de octubre y noviembre, el Consejo de Guerra Permanente número 1 de Orihuela presidido por el Coronel Martín Luna y sus vocales empiezan los juicios en el Colegio de Santo Domingo y la ejecución de las sentencias en las tapias del cementerio, algunos cadáveres eran recogidos por sus familiares, los no recogidos iban a una fosa común. Los fusilamientos más numerosos en Orihuela y comarca se produjeron el 17 de noviembre de 1939 con 14 fusilados. Entre 1936 a 1945 fueron fusilados en Orihuela 34. La política a seguir después de terminar la guerra era la eliminación física y moral de los vencidos. El 6 de abril se había creado una Comisión Gestora a cargo de Luciano Sánchez González, capitán honorífico de Cuerpo Jurídico, compuesta por el alcalde Baldomero Giménez Giménez, y diez concejales encabezados por César Puget Riquert, teniente de Infantería. (*Antonio Pujazón Samos. Orihuela/Testimonio para una memoria necesaria.*, Ateneo Sociocultural "Viento del Pueblo" y otros colectivos, Orihuela 2008).

Las nuevas autoridades tienen como instrumento represor la Ley de Responsabilidades Políticas de 9 febrero del 39, que condenaba a todas aquellas personas que habían sido afines a la II República; con esta Ley se procede a numerosas y arbitrarios registros y detenciones, simplemente por sospechas y delaciones, proponía dicha Ley el «reconociendo la necesidad de reconstrucción espiritual y material de la patria» e invocando que se «busca liquidar las culpas contraídas por quienes contribuyeron a forjar la subversión» que culminó en el sangriento enfrentamiento.

Y excarcelan a los presos de derechas en la prisión seminario de San Miguel, entre ellos José Martínez Arenas, de derechas y católico.

Por ello no tenemos constancia de un encuentro entre Carlos y MH en Orihuela a mediados del mes de marzo y abril de 1939. El alcalde Baldomero Giménez Giménez nombrado desde el 6 de abril de 1939, era un franquista nada de fiar. Al regresar a Cox el autor de *Viento del pueblo* se había metido en un nido de buitres azules, no tenía porvenir. No encuentra ayuda en don Luis Almarcha ni en José Martínez Arenas, el primero había estado oculto en Murcia y el segundo recién excarcelado. El 24 marzo se acercó a Alcoy para ver a su cuñado Ismael Terrés (marido de Encarnación) que estaba destinado en el CRIM 10; a finales de marzo viene a Alicante y se entrevista con Juan Guerrero Ruiz; al final salió en tren para Sevilla, Jerez y Cádiz el 23 abril con salvoconducto expedido por el Gobierno Militar de Orihuela. Fue directamente a Sevilla sin pasar por Madrid como algunos biógrafos consideran. Puesto que pasar por Madrid sin el salvoconducto era sumamente peligroso.

Carlos Fenoll salió del encierro voluntariamente cuando empezó a notarse el embarazo de su mujer del segundo hijo Carlos nacido el 18 de julio de 1941, ya que las vecinas empezaron a criticar el volumen de Ascensión. La represión en la Vega Baja fue brutal, había que hacerse del nuevo régimen para poder sobrevivir con las cartillas de racionamiento que duraron hasta 1952. No existía libertad de expresión, no se podían juntar más de tres personas para opinar pues inmediatamente eran dispersadas. También les obligaban a ir todos los domingos a misa, para ello se instauró el descanso dominical obligatorio. En misa no se podía decir ni una sola palabra, todo el mundo callaba. Había que ser muy discreto en las opiniones pues no sabías con quien hablabas, había que hacerse adicto al nuevo régimen, y por lo tanto dispuesto a servir en el Movimiento Nacional, o por lo contrario sucumbir. La Iglesia había recuperado su antiguo poder y se había instaurado la enseñanza religiosa a todos los niveles, el Opus Dei floreció con la idea de formar católicos para infiltrarlos luego en la política del país. El sistema de control ciudadano se basaba en la delación y en las denuncias anónimas, es decir, la vuelta de una nueva Inquisición. La confesión era casi obligatoria y con ella se instauraba un sistema religioso de información indirecta.

A pesar de su manifiesta renuncia a la lírica, algunos amigos como el ilicitano Paco García Sempere le piden obra para la revista *Arte Joven* (1940), tal es la desgana en la creación que le envía "Ángel de la quilla verde" ya publicado en el librito *Poemas* de 1936, de influencia nerudiana. Lo que demuestra su falta de interés por aprovechar mostrar poesía nueva.

En 1942 –no sabemos fecha- falleció su madre lo que le produjo un gran dolor y decaimiento, a lo que se le unió problemas de la herencia. Pérez Álvarez, acusó a Efrén de haber gestionado a sus espaldas el pase de la herencia materna a su nombre, valiéndose de que dos de sus hermanas estabas en el extranjero: Josefina y Carmen.

Fenoll contó a J.M. Moreiro (entrevista realizada el 14 de noviembre de 1972) que en la guerra no pegó un solo tiro, porque estuvo haciendo pan para los republicanos.

Le preocupa el inicio de la II Guerra Mundial que comenzó el 1 de septiembre de 1939 con la invasión nazi de Polonia, y sobre lo incierto del momento escribe la "Hora indecisa", no publicada hasta 1946 en la revista *Verbo*; en el segundo cuarteto escribe:

Un pensamiento súbito: mañana,
en el alma de Europa, ¿cerrarán
las nubes de la guerra el horizonte
de esperanza en el tiempo de la paz?

Al componer este soneto está pensando en las terribles noticias que le llegan, bien por la radio, por la prensa o los comentarios de la gente. España se mantuvo neutral, se puso al lado del Eje y envió la División Azul entre el 41 y el 43.

El 28 de marzo de 1942, sábado víspera del Domingo de Ramos, muere Miguel Hernández en la enfermería del Reformatorio de Adultos de Alicante de tuberculosis. Al día siguiente acudieron al entierro Vicente Hernández y también Gabriel Sijé con dos amigos de Orihuela. Manuel Molina estaba en Burgos haciendo el servicio militar, esta vez reclutado por los nacionales. No consta que Carlos asistiera, quizás, por su delicada situación, sospechoso de "rojo". Tampoco asistió Efrén. Escribe con cierto sarcasmo Ramón Pérez Álvarez:

Nos queda Carlos, de quien más vale no hablar...[...] En cuanto al silencio de la familia Fenoll a la muerte de Miguel no tiene explicación. No sé si estaría aún Josefina en Orihuela [se marchó al exilio el 14 de julio de 1939 junto a su marido.]. Lo hubiera sentido y expresado. Carlos estaba descentrado. ¿Qué hizo Efrén? Callar. En Orihuela se celebró un homenaje en el "ciprés máximo", en definición de Sijé. Asistieron Justino, Carlos, Antonio García-Molina... No Efrén . (*La Lucerna*, año V, nº 33, febrero 1995, pp-33-34)

Ramón Pérez Álvarez –que estuvo en la cárcel hasta que fue indultado en 1946-, recibió una carta de Gabriel Sijé de fecha 29 de abril del 42, donde le informa del homenaje junto al ciprés máximo:
"El domingo en Oleza le tributamos un sencillo homenaje: Junto al ciprés máximo que besa con su sombra la anchura de nuestro río, hemos llorado a Miguel. Hemos leído cosas suyas uncidos de su emoción y uncidos de naturaleza, rezando sin palabras por él con sólo mirar al cielo. Después cosas nuestras sobre él: Fantucci, el poeta Dictinio del Castillo [-Elejabeytia], Carlos, Antoñito [García-Molina] y yo. Por último, un ramo de laurel junto al ciprés, para que ese ciprés máximo glorifique y llore al poeta y se eleve como un monumento sencillo sobre los azules de Oleza".

Y se olvidó de nombrar a Francisco Giménez Mateos, Francisco Díe, Adolfo Pérez León, José Torres López, José

Morell, José María Franco Martínez, José Murcia Bascuñana..., que también asistieron.

Como curiosidad tenemos la noticia de que el "ciprés máximo" a la orilla del río Segura desapareció, y el 26 abril de 2003 se repuso con otro ciprés con la colocación de una placa, y la edición de un folleto que editó la Fundación Cultural Miguel Hernández, donde se inserta la carta de Gabriel Sijé a Álvarez y el artículo de Ramón Sijé "Canto de amor/Amad al ciprés y a las golondrinas", ("Diario de Alicante", 12 de agosto de 1931).

El homenaje se celebró el domingo 26 de abril del 42 (Carta de Justino a Juan Guerrero Ruiz).

Fue el poeta gallego afincado en Murcia, Dictinio quien escribió el primer soneto que se conoce dedicado a la muerte de M.H. titulado "A Miguel Hernández". Cuyo primer cuarteto, dice:

> *Durmiose tu canción de primavera*
> *frente al latino mar, cuyo lamento*
> *colmó de caracolas y de viento*
> *el planto funeral de la ribera.*

Sin embargo, el primer poema publicado en honor de MH apareció en la revista *Momento, Semana Santa Orcelinata*, el Domingo de Ramos 29 de marzo del 42, de Antonio Fantucci "Mane, Nobiscum, Domine ". "A Miguel, que muere solo".

Por el contrario, Carlos guarda silencio lírico y no escribe nada a la memoria del amigo que hacía trencitas de pan en su tahona. Quizás teme hacerse visible con una Elegía lagrimera un tanto peligrosa o mal vista por el nuevo régimen. Aunque no deja de escribir, pues vemos y podemos comprobar en el mismo número de *Momento* y mismo día, publica "Cristo yacente" dedicado, sorprendentemente, al falangista Juan Bellod Salmerón, *"que sabe ver"*. No hacen falta más palabras ni más conclusiones. Carlos tenía en esta fecha mujer y dos hijos, y para él, siempre, su familia fue lo primero. Puesto que Carlos no era poeta de oficio.

Este poema se lo inspiró un comentario de Juan Bellod ante la imagen que se exponía en el Ayuntamiento el Cristo yacente que acababa de entregar el escultor e imaginero murciano José

Séiquer Zanón (Librilla 1902-   ), estando Carlos presente en la ceremonia. El comentario de Bellod se refería a la mano de la sagrada imagen yacente, que no muerta: estaba en actitud de bendecir. Lo que da a entender el cambio obligado al que se vio sometido con un gesto hacia la Falange. En esas fechas tenía que nadar y guardar la ropa, pues en abril de ese mismo año asistió, como he comentado al homenaje a MH bajo el ciprés máximo del río con los amigos ya nombrados.

Juan Bellod Salmerón (1912-1970) fue secretario de la revista católica *El Gallo Crisis*, secretario de la Jefatura Provincial de la Milicia de F.E.T y de las J.O.N.S en Valencia. Quien avaló a favor de Miguel con fecha 24 de mayo de 1939 en Valencia, aval que le envió por carta, lo usaría para cuando le llamaran a declarar. Aval que aparecerá en el Procedimiento Sumarísimo 4.487 de Orihuela. Certifica: "no le creo capaz de haber intervenido en hecho alguno delictivo [...] No le creo pues en lo fundamental enemigo de nuestro Glorioso Movimiento..."; Miguel le había ayudado cuando Juan estuvo detenido en la cárcel Jesús y María de Valencia.

En 1942 su poesía se vuelve obligatoriamente religiosa, no ha de molestar a los censores de la Iglesia que habían recuperado su poder en todos los sentidos: eclesiásticos, municipal, iglesias y conventos. Pues una petición de don Luis Almarcha a cualquiera de los poderes municipales o financieros se convertía en una orden. Y desde luego Fenoll no estaba en disposición de enemistarse con el vicario general de la diócesis, por si tenía que pedirle algún favor en el futuro. Creará numerosos poemas religiosos, otros investigadores apuestan en la idea de que deseaba purgar su alma, era muy devoto de su Semana Santa – en abril de 1968 viajó con su mujer a ver la Semana Santa a Orihuela- colaborará en esta revista hasta 1952, en que dejó de escribir definitivamente poesía, quizás por frustración, nostalgia, cansancio o indolencia. "Carlos era muy indolente y tenía que ponerme muy serio para sacarle un poema (...) era muy decidido cuando alguien le empujaba". (Jesús Poveda, la *Lucerna*, nº 41, 1995: 18).

En junio de 1942 le dieron un primer premio de poesía al madrigal "A la mujer alicantina", publicado en el *Llibret homenaje a la Bellea del Foc*, de la barraca "Bon Tabaquet" de

Alicante, Gráfica Gutenberg. Pintor Cabrera, 4. Leamos la reseña de Vicente Ramos en su libro titulado *Literatura alicantina de la posguerra (1940-1965)*, Alicante, Manuel Asín, Editor, 1967, p.17, donde aparece lo siguiente:

No obstante su típica abulia [se refiere a la de Fenoll], Francisco García Sempere [editor de "Arte Joven"] consiguió hacer rentable su fina capacidad artística. Nuestro amigo fue, además, el primero en convocar, tras la guerra, un concurso literario que estuvo patrocinado por la Barraca fogueril "Bon Tabaquet" (1942), y en el que obtuvieron los primeros premios Juan A. Espinosa, de cuentos y Carlos Fenoll, de poesía. Los segundos se concedieron respectivamente a Carlos de Santiago y a Juan Sansano. En narraciones de humor, el máximo galardón se otorgó a un relato de Antonio Torres Climent, exquisito compositor, por añadidura. Compusieron el Jurado doña Aurelia Ramos, don Javier Gaztambide, don Enrique Puigcerver, don Rafael Quilis, don Tomás Valcárcel, don Francisco Albert y nuestro compañero García Sempere. (Datos localizados por Gaspar Peral Baeza en *Literatura Alicantina de Posguerra*, Vicente Ramos, Alicante 1967: 17).

Nuestra búsqueda no se limitó a lo que escribe Vicente Ramos, sino que hemos buscado en el Archivo Municipal de Alicante en la revista original donde se publicó "A la mujer alicantina" (ver foto en p. 73 de este libro), donde hemos encontrado el poema a doble página ilustrado con un dibujo del pintor alicantino Melchor Aracil en la páginas centrales (*Llibret* sin paginar). Además en las últimas páginas aparece una nota "Nuestro Concurso Literario" donde leemos en el tercer párrafo:

Carlos Fenoll, de Orihuela, es poeta, poeta puro, poeta con el alma y la vida. Vibra en su lira acompasada, jugosa y musical, esa canción levantina de oros y azules, de cielos anchos y tendidos...

Es curioso advertir que el afamado poeta y periodista Juan Sansano Benisa obtuvo el segundo premio con el poema

"Homenaje a la belleza del fuego"; lo cual evidencia el gran momento poético en que se encontraba nuestro poeta-panadero. Un poeta nacido poeta, que lo fue y no quiso luego ser poeta. La reseña del premio también se publicó en *Alicante en el Franquismo (Historia y Memoria)*, Tomo I, de Vicente Ramos, 1992-94, p. 134.

La II Guerra Mundial se había recrudecido, y Franco decidió reclutar a más soldados y alargar los plazos de la licencia, por ello, se cree, por testimonios familiares, que Carlos fue reclutado, pero esta vez por los nacionales y estuvo entre mediados de 1942 y 43 en Barcelona. Aunque no tenemos constancia documental, sólo testimonios de la familia. A su regreso escribe "Hora maldita" y "Nuestro amor" publicados en *Intimidad poética*.

Reclutamiento que debió suponer un mazazo en su ideología y en su espíritu, pues tres años antes estuvo con los republicanos, y además como hemos repetido tenía mujer y dos hijos. Le destinan otra vez, como en el 34, a Intendencia en Barcelona, como si la ciudad Condal lo quisiera con egoísmo. Recordemos que la II Guerra Mundial se había iniciado el 1 de septiembre de 39. España se situó al lado de la Alemania nazi, Franco envió a jóvenes voluntarios españoles para que se unieran al ejército alemán en la llamada División Azul entre el 41 al 43. Por ello Franco movilizó a más jóvenes, y a muchas quintas.

En 1944 publicó por primera vez su obra más emblemática y desgarradora, un poema que marca un punto clave de su poesía como "El canto encadenado" en la revista alicantina *Intimidad Poética* de abril-mayo de 1944, y dos años después en *Verbo* de 1946, donde el poeta expresa su disconformidad con el destino que le espera, que nada puede hacer contra la providencia por estar atado a su familia, a pesar de sus ansias de libertad, se conformará a pesar de que vive una amargura en su canto "mientras llore mi alma su pesada cadena" (v. 20). Interpretamos en este verso en clave lírica sus ansias de libertad, de movilidad y de actitud de marcharse de una Orihuela opresora, de liberarse de las cadenas a las que está atado por varias circunstancias.

Tras unos años bajo de moral espiritual, casi estéril para escribir poesía y rendido, se supone —no existen pruebas- que destruye todos sus manuscritos, incluyendo la correspondencia que había mantenido con MH a lo largo de años. Quizás por dos razones fundamentales: la primera evitar un registro que le pueda llevar a la cárcel si encontraban en su poder ediciones hernandianas y, la segunda, porque ha renunciado a ser poeta, quiere olvidar su pasado. Otra hipótesis es la del escritor oriolano Hilarión Lillo que se los dejó a su hermano Efrén antes de marchar a Barcelona ¿cuándo en 1943 ó 1947?; éste siempre alardeó de tener "papeles", que nunca enseñó.

También le irán demandando poemas Vicente Ramos y Manuel Molina para las revistas literarias *Intimidad poética* (1943), o *Verbo* (1946). En esta línea de peticiones de trabajos, surge incluso de publicar un libro con su poesía anterior, a petición de Francisco Martínez Marín o Joaquín Ezcurra y su propio hermano Efrén. A los que le negó tan loable y encomiable iniciativa.

Pérez Álvarez visitó a Carlos después de salir del Reformatorio de Adultos de Alicante en 1946. Ambos acudieron al entierro de Gabriel Sijé el 20 de junio de 1946. Carlos escribió una Elegía al amigo en prosa poética, cuya publicación original nos la facilita Aitor L. Larrabide:

"Cuando haya muerto, vosotros, los que me amáis, no llorad sobre mi tumba. Entended que mi vida sólo puede ser dichosa en el silencio, allegada de silencio y tierra: por eso no debéis llorar".

Esto pedías a cuantas te amábamos, Justino, en una página de tu libro "Del sencillo amor".

Pero tú has sido para mi corazón tan pródigo del tuyo, y tu sola presencia me alivió tantas veces el alma atormentada, tornándomela dócil y serena ante la vida, que si no hubiera llorado por saberte dichoso definitivamente, ni por el brusco desatarse de tantos lazos inefables que nos unían, 10 haría sólo por humano egoísmo.

Serías tú, quizá, antes de muerto, como la hermosa y triste luna deshojada de un paisaje solitario y romántico, o Como el sol velado de una tarde de otoño; como una cosa de suprema fragilidad, ternura y melancolía; parte integrante d>> esa belleza sobreña toral que ama ese algo indefinible, vago, misterioso, subterráneo a mi sangre, sobrenatural también... Y he llorado por eso. O sería quizá, después de. Muerto, un camino de eterna soledad, sin árboles ni fuente; camino blanco y duro, aniquilador de todo humano amor, de toda humana esperanza..., y he llorado por eso... Pero, no; no lo sé... Te he llorado sin pensar por qué, por la misma fuerza ciega que produce el volcán, las flores y la muerte. (*Juventud Mariana*, Orihuela, año I, nº 7, septiembre 1949, p-9)

El reparto de la herencia entre los varios hermanos condujo a largos años de pleitos, abogados y enfados, hasta que se concluyó a finales de 1946.

Durante estos años de posguerra, hubo una estrecha amistad entre Carlos, Manuel Molina y Vicente Ramos Pérez , como lo demuestra la fotografía de los tres juntos en unos jardines de Orihuela en 1946. Además de las publicaciones que le consiguieron en *Arte Joven, Intimidad poética, Verbo, Estilo* (Elche un único número) y en una antología tardía de 1973.

3.- Fin de una amistad con Miguel Hernández

Desconocemos la fecha en que se rompió esta amistad entre Carlos y Miguel. Suponemos que debió ser después de la guerra, a partir de mayo de 1939, cuando MH le escribe desde la prisión de Torrijos una carta agónica a la Familia Fenoll "...Escribidme, Carlos, Ascensión, y decidme muchas cosas para sentirme acompañado aquí". No sabemos si el poeta-panadero le contestó o no. A partir de aquí las citas a Carlos en la correspondencia de Miguel a Josefina se eclipsan, hasta el punto de desaparecer. Carlos no pudo aparecer por el Reformatorio de Adultos de Alicante entre el 41 al 42, porque los amigos no obtenían permisos de la Dirección del Centro penitenciario; aunque sí le visitaron Justino Marín, Alfonso Ortuño, Fantucci acompañando a don Luis Almarcha. Tampoco fue al entierro en el cementerio Nuestra Señora Virgen del Remedio, aunque sí lo hizo Justino Marín con dos amigos, aunque éste no tenía nada que temer por su historial en blanco. También acudió al entierro su hermano Vicente.

Por esta razón, quizás es sumamente dudoso que cuando Miguel va a Cox y a Orihuela, después de ser liberado de la cárcel de Torrijos -15 de septiembre 1939- se entrevistara con Carlos y Molina. Días después le detuvieron el 28 de septiembre y el nombre de Carlos no aparece en el episodio de la detención de MH, sino Justino. A pesar de que Molina en su libro *Miguel Hernández y sus amigos de Orihuela*, 1969, p. 73) comenta que fueron a Cox a avisarle para disuadirle de que se fuera de "nuestra tierra", es dudoso de entender, puesto que Fenoll después de la guerra estaba, como ya hemos comentado, escondido en su casa como "topo" para escapar de la represión franquista oriolana, y Molina estaba en Alicante. Además escribe en la página 72 del referido libro que "Nuestro último encuentro fue al principio del otoño del año 1939. Mi Hermana mayor me dijo que Miguel había estado en mi casa preguntado por mí y que tenía prisa por llegar a Cox..." Es decir, entendemos que Miguel cuando sale de Madrid pasa por Alicante antes de ir a Cox para saludar a Manuel Molina. Dudosa visita.

De haber sido cierto la visita a Cox de los dos amigos, Miguel les hubiera escrito desde la cárcel-seminario de San Miguel pidiéndoles ayuda. Recordemos lo mal que lo estaba pasando cuando escribe a su mujer "paso más hambre que el perro de un ciego". No se hubieran librado de acusaciones de malos amigos o de escribir sus nombres en las cartas clandestinas y desesperadas que escribiera en el sótano del Seminario a Josefina, cuando por ejemplo escribe "Quiero saber si algún amigo ha tenido la ocurrencia de contestar a mis cartas y a mi petición" (octubre de 1939). Fue Gabriel Sijé quien se quedó esperándole en la comisaría el día que le detuvieron en Orihuela.

Por lo tanto Carlos se libra de la insinuación de Miguel sobre falta de contestación de las cartas que ha enviado a los amigos.

Como se ha demostrado documentalmente por el Procedimiento Sumarísimo 4.487, gracias a "El otro sumario de Miguel" descubierto por el investigador hernandiano Enrique Cerdán Tato, Miguel fue detenido el día 28 de septiembre como figura en el atestado instruido en Orihuela por inspector Hermenegildo Riquelme García, no el 29, día de su onomástica.

La conclusión a que llegamos es que, probablemente, Carlos, hombre humilde y reservado, poco dado a una exhibición personal, no estuviera de acuerdo con la actitud política comunista, antirreligiosa de MH durante la guerra, pues se había señalado demasiado. Es decir, que Miguel se había convertido para Carlos en una amistad peligrosa, tanto para él como para su familia. Estamos hablando de años de posguerra y represión. Por ello, Fenoll, en marzo del 42 hizo un "guiño obligado" al falangista Juan Bellod dedicándole "Cristo yacente", puesto que tenía dos opciones: o adhesión al nuevo régimen del nacional-catolicismo o el exilio como Jesús Poveda y su hermana.

Sin embargo, estos gestos falangistas le debieron pesar en conciencia pues años después en 1947, y teniendo casa en propiedad mujer y tres hijos decidió romper sus cadenas y marchar a la emigración de Cataluña donde había más futuro para los hijos, y donde se negó a ser poeta. De hecho, sólo publicó poemas ocasionales en la revista de Semana Santa a regañadientes y solicitados con mucha antelación, evitó publicar en otra revista oriolana *Oleza,* dirigida por Joaquín Ezcurra Alonso y Jefe de Programación de la emisora La Voz de Orihuela, quien le había pedido poemas en varias ocasiones e incluso le llegó a enviar telegramas de petición. "¡Qué lejos el terrible caos de mi juventud!" (carta a Ezcurra de 1961).

En realidad su dolor y su remordimiento se resume en este cuarteto del soneto "Soledad" de 1944:

> *Las sombras de los seres que he perdido;*
> *la luz de los que amo en el presente,*
> *el odio de mi sangre, el más vehemente;*
> *el sueño de mi alma más querido.*

La cuestión de su negativa a hablar sobre su amistad juvenil con MH o de Sijé, entendemos que son otra cuestión diferente que analizaremos y razonaremos en el Anexo I (ver p. 85).

La ruptura se confirma con el hecho de no acudir al entierro de MH, debiendo estar por Orihuela ya que el Domingo de Ramos del 29 de marzo de 1942, aparece su ya comentado "Cristo yacente" en "Momento". Tampoco acudió Efrén, sí Justino Marín acompañado de dos hombres- no identificados- le "extrañó que lo metieran en el nicho por la parte de los pies". (*Recuerdos de la viuda de Miguel Hernández*, Josefina Manresa. 1980:145)

4.- La hora maldita

Todos los biógrafos apuestan por el hecho cierto de la destrucción del "rico epistolario" enviado por MH, desde José Guillén y José Muñoz Garrigós (*Antología de escritores oriolanos*, 1974), Vicente Ramos y Manuel Molina, también lo atestiguó Ramón Pérez Álvarez en "Batarro" 1992, y en *La Lucerna* nº 41, de 1995: "En uno de esos ataques, quemó cuantos papeles tenía, hizo como cuando quemaba los *Silbos* que le quedaban sin vender. Se cree que había docenas de cartas de Miguel y una cantidad de poemas que le había entregado cuando llegó de Madrid a Orihuela, en el mes de agosto de 1936, para que fueran publicadas en *Silbo* si la revista volvía a renacer". También lo dicen José María Moreiro, ABC, 26 de marzo 1978, p-6: "quemó cartas".

En carta de José-Carlos Mainer a Rafael Gómez, director de la Casona de Tudanca:

Carlos [Fenoll] tenía poco carácter y lo demostró en un momento en que su degeneración le condujo, en una borrachera, a quemar cuantos papeles tenía de Miguel, serían más de 50 cartas y aparte de notas. (Recogida en la página 199 del libro *Ramón Pérez Álvarez (Yo hablo y escribo de un Miguel real)*, José Ruiz Cases. Orihuela 2011)

Quemara o no las cartas, lo que sí es cierto, es que a partir de junio de 1939, la correspondencia entre ellos es nula, y ni nombrarlo en correspondencia a Josefina. ¿Enfadado quizás por no responder a sus cartas cuando estuvo encarcelado? Parece ser que también quemó una maleta con cartas y originales que le enviaban poetas para publicar en la revista *Silbo*; Molina afirmaba en 1946 que las revistas que no se vendían pasaban al horno. Nunca un pan fue tan literario. En contra de esta opinión tenemos la de Hilarión Lillo Roche, que cree que Carlos le dio las cartas y otros documentos en depósito a su hermano Efrén antes de salir para el servicio militar a Barcelona ¿1943? Algunos amigos le oyeron presumir de tener papeles de su hermano que a nadie enseñó.

Vicente Ramos en *Idealidad* en enero, 1973, resume "Contra los fantasmas que ahogaban su voz y su vida estuvo luchando durante los veinticinco años de su agonía". A Manuel Molina le confiesa epistolarmente sus "depresiones nerviosas"; en el mismo sentido se lo dice a José Sánchez Hernández: sus "fantasmas más psiquiátricos". Quizás los bajones de ánimo acuden a las personas, humildes, sencillas y buenas sin explicación. Otros autores indican que su bajón literario pudo deberse al reconocimiento de sus propias limitaciones; sin embargo, en la poesía última espiritual y religiosa de los años que publica en la revista de Semana Santa oriolana son sublimes y de hondo calado místico.

El supuesto suceso de la hoguera literaria pudo suceder si tenemos en cuenta que era un peligro guardar esas cartas hernandianas, le podían comprometer, ya que Orihuela se había llenado de falangistas, sus "amigos" son ya los de las camisas azules Mahón. Los alcaldes franquistas de aquella época fueron Mariano Belda Garriga de 5 de octubre de 1940, Francisco Lucas Girona de 11 de marzo de 1943, Rafael García Pertusa: 18 de noviembre de 1944.

Cambió bruscamente su estilo poético e incluso social, se tenía que integrar o ir a la cárcel como había ocurrido con Ramón Pérez Álvarez, Luis Fabregat, Antonio Ramón Cuenca y otros más, detenidos terminada la guerra, ingresados en el Reformatorio de Adultos de Alicante. Por no hablar de los muchos españoles republicanos en los campos de concentración de Francia, Polonia o Austria. Es decir, que la situación no era para tomársela a broma. En el poema "La hora maldita" (1943), siguiendo el estilo creativo fenolliana de que es un poeta sincero y veraz que poetiza sus sentimientos: "a un infierno de alcohol y de locura". (El sustantivo "alcohol", lo cambió Vicente Ramos por "amor", en consideración a su amigo. IEA, 1974, página 70), podemos seguir las pautas de su sentir y malestar interior.

Es posible que tuviera en su poder algunas cartas más del autor de *El rayo que no cesa* para la hoja de poesía *Silbo*; también las tenía Jesús Poveda, aunque la mayoría de la correspondencia la conservaba Ramón Pérez Álvarez en su función de secretario, esta correspondencia que según él: "...me fue "liberado" al término de la Guerra Civil, con todas mis pertenencia: mi archivo y biblioteca que contaba ya con 1.000 títulos y con prensa..." y además detenido y encarcelado y condenado a muerte. Los documentos decomisados han desaparecido. En carta de 12 de junio del 36, le había escrito MH a Fenoll "Te mando esta fotografía de Lagartijo y te mandaré algunas de otros diestros". Es decir, que le enviaba fotos de toreros, por su afición a la tauromaquia. El 30 de julio está Miguel en Orihuela, es muy probable que le trajera poemas, aquellos de Aleixandre cuando le dice "Espera que vaya yo y sacaremos juntos el tercer número de *Silbo*. Quiero que vaya en primera página Vicente Aleixandre, al que he pedido un poema..." (*O.C.* p. 2425),   El tercer número de *Silbo* no salió, debido al inicio de la guerra.

Retomando la cuestión del horno-literaria, extraemos unos párrafos del artículo de Aitor L. Larrabide donde el poeta-panadero salvó unos sonetos.

"Cecilio Alonso en una reseña a las Obras Completas de MH (Diablotexto, Valencia, 1994) anuncia que en el archivo de Manuel Molina (fallecido en 1990) encontró los ocho sonetos que en su día entregó a Fenoll en 1936 para insertarlos en la revista "Silbo", según José María Balcells pertenecientes al ciclo de "El Silbo Vulnerado"....mecanografiados por el poeta. (*La Lucerna, nº 41,* 1995 p.27):

Si Carlos le entregó estos ocho sonetos, salvados del horno a Molina, más dos cartas, por qué no, también se las pudo dar a su hermano Efrén. Aunque en aquellos años guardar un poema de MH era como guardar un alacrán bajo la almohada, por eso dudamos que le pasara la patata caliente.

Sobre 1940, sin fecha, Carlos se reinicia en la escritura, y escribe a Poveda y a su hermana Josefina que se encuentran exiliados en Santo Domingo donde les dice que la novedad es que ha empezado a escribir en la "mesica de la cocina con seis reales de cuartillas, un tintero y una pluma de corona me he hecho un despacho. Estoy encantado esto me anima a escribir... y fumar sin descanso. He escrito una cosa que me gusta [poesía], pero no pienso publicar, pues quiero reunir un número determinado de cosas para hacer un libro. Se titula *Mi canción de otoño*". Libro que no vio la luz y se quedó por fermentar en el alcabor.

El testimonio del escritor oriolano Hilarión Lillo Roche actualmente residente en Buenos Aires comenta que no destruyó el archivo sino que se lo dejó a su hermano Efrén en depósito.

Nadie ha podido probar que todo lo que tenía Carlos Fenoll sobre Miguel Hernández fue destruido. Yo era íntimo amigo de Efrén Fenoll pues la panadería de Efrén, de la calle Arriba, suministraba todo el pan diario para los 300 niños que teníamos en el Patronato de San José Obrero del cual era yo el gerente administrativo y el jesuita Padre Naves el director. Cuando Carlos Fenoll se fue a Barcelona le dejó toda su biblioteca y efectos de Miguel a su hermano Efrén como depósito en custodia. CARLOS TEMIA PERDERLO TODO SI NO LE IBA BIEN EN BARCELONA. Y nunca Efrén me dijo que lo de Miguel fue todo destruido. ¿Por qué razón iba a destruirlo? Yo le compré a Efrén parte de su biblioteca cuando se fue a vivir a Valladolid pero sobre lo que Carlos le dejó nunca le pude sacar ni una palabra. SIN EMBARGO ESTOY SEGURO QUE LO TENIA EFRÉN CUSTODIANDOLO COMO UN TESORO SECRETO. Ahora Efrén está muerto y la única manera de saber algo sobre lo que dejó sobre Miguel sería hacer una gestión personal de investigación con la familia que Efrén ha dejado. Y valdría la pena hacerlo. Es todo lo que puedo decir que ya sé que no es mucho, pero ya es bastante el creer con firmeza que lo de Carlos Fenoll no ha sido destruido. La única información que pude sonsacarle a Efrén es que se negaría por siempre a entregar algo a Orihuela si no se mejoraba la seguridad de la custodia de las cosas que Orihuela tenía sobre Miguel. (Hilarión Lillo Roche carta en Internet de 22 de junio de 2011)

Por lo sucedido con la herencia, la relación fraternal entre Carlos y Efrén, debieron ser tirantes, al menos, al final de la década de los cuarenta.

5.- Semblanza de Efrén Fenoll Felices

Efrén nació en la calle San Juan de Orihuela en 1917, murió en Valladolid en 2004. Ante la necesidad de más datos escribí al Colegio San José de los Jesuitas de Valladolid, me respondió Felix Rodríguez:

Muy señor nuestro:
Con gusto respondo a su petición de informe sobre don Efrén Fenoll, según los datos que he podido recabar en nuestros archivos y de las personas que le conocieron y todavía están en este colegio.

Don Efrén Fenoll Felices, nace en Orihuela el 18 de febrero de 1917. Sus padres son don Antonio y doña Monserrat. Estado, casado.

El contrato de trabajo, con este colegio, está firmado el día 1 de febrero de 1958, como "mozo de servicio". En los catálogos privados figura como "oficial bibliotecario". El último catálogo en él que aparece es el correspondiente al curso 1981-1982. Según información de alguno de sus compañeros, residía en Torrelago, actualmente urbanización del pueblo Laguna de Duero, a unos 7 kms. de Valladolid.

Cuenta Hilarión Lillo, amigo personal de Efrén, que una vez le contó que estando reunidos en la panadería un grupo de amigos, entre ellos Carlos, Ramón Sijé, Miguel Hernández y alguno más, llegó el padre de Miguel y gritándole le dijo que debía sacar a pasturar las cabras; como se hacía el remolón, le levantó la mano para pegarle una bofetada a su hijo. Entonces Carlos le aferró el brazo en el aire y le dijo: "A un poeta no se le pega", e impidió el azote.

Ramón Pérez Álvarez recordará que fue él quien llevó a Efrén a la academia del profesor y amigo Ramón Carrillo y no le cobraba nada. Era casi analfabeto hasta los 18 años.

Según contó, hizo el servicio militar en Barcelona, al acabar la guerra civil lo detuvieron y fue trasladado a Valencia, a un Hospital transformado en cárcel, mientras esperaban ser conducidos a un campo de concentración. Decidido a llegar como sea hasta su amada Orihuela, vestido con su mochila, su máscara de gas y su gorro ruso, se acerca al guardián de la prisión y le dice sin más que él se va. El guardián le mira un tanto asombrado y desconcertado, pero le reconoce: es un íntimo amigo de su mismo pueblo... y le deja salir. Empieza a caminar y cuando llega a Sueca, al sur de Valencia, se sube a un camión cargado con sacos de arroz. Pasa por Alicante, donde ve un gentío esperando embarcar hacia el exilio.

Años después sería reclutado por los nacionales, junto con los de la quinta del 38, en un cuartel de Córdoba, donde no le permitieron ir al entierro de su madre en 1942, algo que realmente nunca pudo asimilar, por ello siempre llevaba puesta una corbata negra en señal de luto, como símbolo emblemático de su rabia contenida y un inmenso dolor, que aún le quiebra la voz. Efrén siempre vestía de luto.

En el reparto de los lotes de la herencia de la madre se quedó, engañando a los hermanos con el horno. Cuando Pérez Álvarez salió de la cárcel en 1946 organizó los papeles de MH en presencia de Elvira, Josefina Manresa y Efrén, éste vio cómo les entregó a ellas el carnet del partido comunista a ambas. Josefina lo negó siempre.

Entre mediados del 1957, Efrén tiene que huir de los acreedores de Orihuela, vendió lo que pudo, entre ello parte de su biblioteca a Hilarión Lillo Roche por 5.000 pesetas, en una especie de empeño, o sea, con la condición de que si algún día Efrén la podía reembolsar las 5.000 pesetas, se la devolvería. Por entonces Hilarión Lillo era gerente administrativo del Patronato San José Obrero y Casa de Misericordia.

Efrén se arruinó completamente entre otros malos "negocios" por sus frecuentes viajes a Alicante para jugar a las cartas. Tenía relación comercial con el jesuita Padre Ramón Navés pues le vendía el pan a precio de costo para los 300 niños internados de la Casa de la Misericordia en la calle Santiago. Me cuenta Hilarión Lillo:

El Padre Ramón Navés manejaba bastante dinero y no daba cuentas de ello al Rector. Entonces se lo quitó de encima y los jesuitas dispusieron el traslado del Padre Navés a su Colegio de Valladolid. Efrén, desesperadamente, le pidió que lo llevara con él y le buscara un trabajo en la citada ciudad. Y allá se fueron los dos. Creo que el Padre Navés le buscó un trabajo como bibliotecario de un colegio de Valladolid, creo que un colegio llamado de San José. Yo me quedé en el Patronato del que renuncié voluntariamente en 1961 para emigrar a la Argentina en la que llegué a Director Financiero en la multinacional Nestlé. (Carta de Hilarión Lillo al autor de este trabajo, de fecha 13 de marzo 2012).

Versión coincidente con Pérez Álvarez que contó a Juan Guerrero Zamora sobre 1990:

"Tras arruinarse completamente se acogió a las faldas de los jesuitas tragando sapos y culebras. Para mí fue una decepción [...] y logró que le dieran una plaza de "criado" en el Colegio de los jesuitas de Valladolid. Fámulos es el nombre que les dábamos en el Colegio a esos criados como son en realidad.

Efrén se casó con la oriolana María Teresa Vicente Molera fallecida el 4/3/2002, dos años antes de fallecer Efrén el 26 /06/ 2004. Están enterrados en el cementerio de Orihuela. Tuvieron dos hijas, en paradero desconocido. El colegio San José Obrero regentado por los jesuitas sigue situado en Plaza Colegio de Santa Cruz, 9, de la ciudad del Pisuerga.

Estando Efrén aún en Orihuela se entrevistó una vez con Josefina Manresa, a la que le dijo que el director de la Caja de Ahorros de Nuestra Señora de Monserrate, señor García Roger (sic) [José Antonio García Rogel], no harían nunca nada por el hijo de un rojo, se refería al hecho de cuando le ofrecieron internar a Manolillo en el Colegio de Santo Domingo a cambio de que impidiera documentalmente la edición de *Viento del pueblo* aquí y en América (*Recuerdos de la viuda de Miguel Hernández*, 1980: 151).

Eutimio Martín recuerda que, cuando se entrevistó con él en Valladolid, en el verano de 1991 alardeaba de tener documentos importantes de MH y de su hermano, sin embargo no le enseñó nada. No paraba de repetir orgulloso lo de que "Efrén el chico negro que rima con tren". Efrén y María Teresa tuvieron dos hijas, una creemos que vive en Tarragona, pero no hemos podido contactar con ellas.

Tras la entrevista que le concedió Efrén al catedrático Luis Miravalles Rodríguez en Valladolid; Ramón Pérez Álvarez, clamó al cielo y le replicó con el duro artículo "Como un barón de Münchausen cualquiera" publicado en *La Lucerna, nº 33,* febrero, 1995. Sin embargo, los errores de Efrén tuvieron eco en las publicaciones de catedrático Luis Miravalles Rodríguez con "Primeros pasos poéticos de Miguel Hernández" en las *Actas del I Congreso Internacional,* Alicante, Elche Orihuela, marzo de 1992; y no se dieron por aludidos más tarde pues no rectificaron con "La faceta más noble y humana de Miguel Hernández. Últimos recuerdos..." en las *Actas del II Congreso Internacional,* (Orihuela-Madrid, 26-30 de octubre 2003).

Por el contenido de las entrevistas a Efrén, creemos que contó más de lo que había leído que de lo que había vivido. Posiblemente por la humana vanidad de ser amigo del universal poeta.

Carlos dio la siguiente dirección de Efrén a María de Gracia Ifach, calle Fundaciones, 4,2º. Valladolid. Posiblemente luego vivió en laguna de Duero.

Carlos Fenoll por
Palmeral 2012

80

RESIDENCIA EN BARCELONA

1.- La emigración a Barcelona

El 10 de octubre de 1946, se produjo una gran riada y una vez más el Segura anegó huertas, casas, negocios y arruinó a muchas familias. Fueron años duros.

Tras la muerte de su madre en el 42 (no tenemos la fecha), Efrén gestionó el pase de la herencia materna a su nombre en ausencia de sus dos hermanas en el extranjero. Las hermanas que vivían en la calle de Arriba se repartieron todos los ajuares de la casa, sin contar con el bueno de Carlos ni su mujer. De aquí nace un largo periodo de disgustos entre ellos, a la espera de un reparto más proporcional y equitativo de lo que cada uno cree le pertenecía.

El pleito de la herencia duró unos tres años y no se repartió hasta finales del 46 entre seis hermanos, lo que nos da idea de la lenta burocracia y de tener, además, a dos hermanas en el exilio. Parece que hubo disgusto entre hermanos como suele pasar con más frecuencia de la que debiera, disgusto fraternal que son para siempre. Conocemos por la literatura de los hermanos Efrén y Josefina, pero no disponemos de referencias de las otras hermanas Carmen, Delfina y Monse. Al fin hubo conformidad al ceder Carlos, se queda con una casa en calle del Horno donde vivía (que le había cedido el padre cuando se casó), en calle del Horno de San Miguel.

Sin un futuro cierto, puesto que como hemos comentado a Carlos le quedó la casa donde vivía y 5.000 pesetas y trabajará como simple panadero a sueldo. Esta situación nueva de pasar de jefe a obrero no la soportará, y caerá en el néctar de Baco. Estaba decidido a marcharse, pues para él Orihuela se había convertido en una ciudad "polvorienta y vetusta". Vivir con un sueldo no es comparable a administrar un negocio donde siempre hay un margen de ganancias.

Liberado de los problemas de la herencia se sentirá de alguna forma eufórica y capaz de emprender una nueva empresa poética; y escribe:

Ahora sí que estoy seguro de que soy un poeta verdadero: a mí, que hace dos tres años, y calculando entonces sin fantasía, me correspondían de 25 a 30 mil pesetas, me ha quedado la casa en que vivo [calle del Horno] y unas 5 mil pesetas. Total: 14 mil. Palabra de honor que no me quejo, porque sé que esa diferencia es el precio de mi comodidad... (Carta a Manuel Molina de 17 de diciembre de 1946)

Realizó primero un viaje a Madrid en busca de alguna salida profesional "donde hallé un ambiente de vida que no me gustó" (Carta a Molina 23-07-47)

Siete meses después escribe a Molina "He quemado la naves: he vendido la casa y los muebles. De esta forma es como no se regresa" (23 de julio 1947). Antes de ir a Barcelona, Fenoll busca la recomendación del entonces obispo de León don Luis Almarcha, desde 1944, con el que tenía amistad, pues una tía de su mujer y el marido trabajan al servicio del obispo, la mujer como cocinera y el marido en los asuntos domésticos, este matrimonio fueron los padrinos del tercer hijo Vicente Luis, el segundo nombre de pila se lo pusieron en atención a don Luis Almarcha. Esto debió ablandar al obispo puesto que no podía ver a un "rojo" desde que Almarcha tuvo que esconderse en Murcia desde agosto a diciembre de 1936, donde ocurrieron ciertos sucesos que no vienen al tema.

En carta a Joaquín Ezcurra, recordando sus años juveniles en Orihuela escribe:

"...yo estaba lleno de un maravilloso entusiasmo creador, pero al mismo tiempo de grandes crisis de pesimismo y de locas reacciones. Días más bien dolorosos, pero en los que siempre aleteaba una vaga forma de esperanza, suficiente para no ser uno desgraciado del todo. ¡Qué lejos el terrible caos de mi juventud!" (Publicada en la revista *Oleza* número de junio 1961, en la Biblioteca Pública de Orihuela)

Ya en Barcelona se presentó con esta recomendación en la Dirección de Intendencia del Ejército y fue colocado como panadero civil hasta que se murió el 31 de diciembre 1972, alternándolo con otros trabajos extras.

Jesús Poveda mixtifica en exceso las causas de la marcha de Carlos a Barcelona como la insoportable ausencia de los amigos desaparecidos, que sólo hay que tomarlo como ensalzamiento literario, pues no especifica los otros motivos reales de la herencia entre hermanos; posiblemente para no herir a su esposa Josefina, que lo más probable es que ella también quisiera su parte en metálico para poder sobrevivir mejor en el exilio, ya que el oficio de músico y escritor de Poveda poco podría aportar; y escribe Carlos donde lo expone:

...y entre ellos, la de mi resolución de salir de Orihuela para venir a residir en Barcelona. Cuestión ésta de ciertas incompatibilidades; pero más que por otra cosa, en realidad por inquietud espiritual, por la ilusión de vivir en una gran ciudad, pródiga en posibilidades para el porvenir de los hijos -ya son cuatro, todos varones- y en centros artísticos y literarios que, luego, en la realidad, éstos no me han servido de nada porque me hundí en la indiferencia TRAS LA DESAPARICION DE MIGUEL Y JUSTINO y así he seguido muchos años; hasta ahora, precisamente, porque, como digo antes, me propongo escribir de nuevo... (Carta a Jesús Poveda, 8 de abril de 1953)

El 5 de agosto de 1947 sale en barco desde el puerto de Alicante para Barcelona, primero solo. En Barcelona conviene el alquiler de un piso con una señora llamada Elvira, natural de Orihuela. Cuando meses después se presenta toda la familia Fenoll-Ávila, el tal piso alquilado no existía, le habían estafado. Momentáneamente se tuvieron que instalar de urgencia y sin más remedio en una barraca de Montjüich -era un pueblo de barracas, de obra y de madera (no en una cueva como comentan algunos biógrafos). Unos meses después y en 1948 pudieron salir del poblado y se fueron al piso de la calle Aurora nº 7, 1º-1dch., en la Rambla del Raval.

En 1948 publicó en dos números de la revista oriolana *Juventud Mariana* y *Semana Santa*, septiembre y diciembre, mantendrá correspondencia con Francisco Martínez Marín, amigo de Efrén, quien le enviará periódicamente dicha revista.

Estas dos revistas, de grato recuerdo en la ciudad, sobre todo entre su intelectualidad, fueron también muy importantes en su momento: una por dar cobijo a la primera antología hernandiana, en formato folletón, de la mano de Francisco Martínez Marín, que terminaría dirigiendo Juventud Mariana, y la segunda, por la cantidad de colaboraciones que registró durante su vida editorial, que finaliza en 1963. ("Sección Estudiosos Hernandianos". Biblioteca virtual Miguel Hernández)

Efectivamente se editó una antología de poetas oriolanos, en la que se incluyó a Carlos. Mas cuando la revista avisa en un número que le van a publicar "cosas" suyas, responde:
Yo me honro con vuestra fidelidad a mis versos, pero, sin falsa modestia, Dios lo sabe, ya no me gusta absolutamente nada de cuanto he publicado, y me hace sufrir un poco ver de nuevo publicadas las mismas cosas. Sé que la culpa es mía, que no puedo escribir con cierta continuidad. Decididamente he de superar esta etapa muerta de mi vida actual. He de escribir. (Carta a F. Martínez Marín de 9 de marzo de 1951)

En 1949, su hermano Efrén y Francisco Martínez Marín, le proponen la idea de publicar sus obras escritas hasta entonces dispersas en prensa y revistas; éste se alegró del detalle pero rechazó el ofrecimiento, en su afán de imposible olvido, porque por mucho que huyamos, por muy lejos que nos vayamos, los recuerdos los llevamos siempre en nuestro pensamiento.

En otras cartas afirmaba que tenía "negativos complejos". Posiblemente un complejo injustificado de inferioridad literaria al no estar convencido de estar a la altura. Era tan exigente que acababa rompiendo los borradores.

A primeros de enero de 1952, recibió carta de Vicente Ramos y Manuel Molina solicitándole colaboración para comprar a perpetuidad el nicho 1.009 de MH, pues de lo contrario los restos mortales irían a la fosa común. Carlos responde en carta:

No me cabe la menor duda de que a todos los amigos de Miguel nos gustará, no por vanidad, sino por amor, aportar la totalidad de los gastos y que, en definitiva, haremos con alegría el máximo sacrificio, dentro de nuestras modestas posibilidades económicas...

Por esa misma fecha los amigos alicantinos vuelven a escribirle para pedirle unas cuartillas acerca de su relación con motivo de los diez años de la muerte del autor de *Viento del pueblo*. Y responde:

"...ya está resuelto en mi ánimo que no escribiré lo de Miguelillo. No sé encontrar la expresividad, el colorido necesario para vivificar los recuerdos...[..]" (Carta de marzo de 1952)

Poca poesía escribirá a partir de 1952, cuando se sabe literariamente rechazado, salvo algunas composiciones insertadas en cartas. Alguna vez aprovecha las cartas que envía a sus amigos alicantinos para exteriorizar su nostalgia poética, sus frustraciones. El siguiente puede servir de ejemplo, de 25 de noviembre de 1968:

> *Querido amigo Manolo*
> *contesto en verso la carta*
> *no por alarde sino*
> *por necesidad de mi alma,*
> *que en el silencio que envuelvo*
> *la intimidad de mi casa*
> *cuando me pongo a escribirte*
> *se encuentra impotente para*
> *hilar y tejer la prosa*
> *de la que vive tan harta...*

Durante este año intentó retomar la poesía con "Reflorecer"; no fue más que un brote verde que no tuvo continuidad. Simplemente con haber seguido la línea temática del sufrimiento interior, de aquella "Hora maldita" o de "El canto encadenado", editado en un libro, nos hubiéramos encontrado con un poeta que hubiese alcanzado un puesto en la Literatura nacional. José Luis Zerón lo resume muy plásticamente: "Siguió luchando Fenoll hasta su muerte contra los fantasmas que ahogaban su voz y su vida (*La Lucerna*, nº 41, diciembre 1995, pag. 26).

> *Fruto de mi propio error*
> *recojo mi sufrimiento*
> *y con él sólo alimento*
> *mi oscura vida interior.*

El mes de abril pasa veinte días en Santa María de Barbará de Sabadell en el destacamento de Intendencia donde está trabajando. Estas salidas le venían muy bien desde el punto de vista económico por las dietas y pluses, y emocional por estar junto a la juventud de los reclutas y soldados, a los que enseñaba a hacer pan en hornos de campaña.

Martínez Marín debió de proponerle un trabajo a través del jesuita Padre Ramón Navés que dirigía las Obra Social Diocesana de Orihuela San José, y debía tener algunas influencias en Barcelona, pues le está agradecido. El 18 de abril del 52 le envía el poema "Reflorecer" para la revista *Semana Santa*, se publicará el mismo año.

A finales de mayo asistió al Congreso Eucarístico de Barcelona "entre millares de peregrinos de todo el mundo". Se refiere al XXXV Congreso Eucarístico Internacional celebrado del 25 de mayo al 1 de junio de 1952. El 27 de mayo Barcelona esperó al Legado Pontificio, Cardenal Tedeschini, recibiéndole como si del mismo Papa se tratara. Una incontable multitud se concentró desde la Plaza de la Paz hasta la Catedral, donde se declaró inaugurado el Congreso. Acto al que acudió Francisco Franco para la inauguración.

A lo largo de los años cincuenta vuelve a retomar, por enésima vez, la escritura, pero en esta ocasión con algo más productivo que la poesía, lo hace con novelas, cuentos y teatro en verso que había iniciado en 1952 para el concurso "Calderón de la Barca", y con poesía en 1953 pide una ayuda de dos mil o dos mil quinientas pesetas a su hermana Josefina exiliada en Monterrey (México) para refugiarse en el pueblo de Gavá por un mes y terminar una novela titulada *La sombra herida* (título que nos recuerda los versos de MH "Pero hay un rayo de sol en la lucha / que siempre deja la sombra vencida..." del poema "Eterna sombra" del *Cancionero y Romancero de ausencias*; para presentarla a un premio convocado por la editorial Janés dotado con cien mil pesetas. Esto demuestra la ingenuidad de un escritor novel al pensar que por muy bien que se escriba una novela puede ganar un premio sin pertenecer a la cuadra de un importante Agente Literario o editor, salvo puntuales excepciones.

Un año más tarde la novela fue excluida por sobrepasar veinticinco folios según las bases. Pero no se desanima y vuelve a probar suerte con el IV Premio Ateneo Valladolid. No podemos valorar esta novela cuyo original se encuentra desaparecido, que tituló *La Sombra Herida*. También en 1954 escribe un cuento para el premio de cuentos y narraciones cortas convocado por la Delegación del Ministerio de Información y Turismo en colaboración con la editorial Mateu de Barcelona. También trabajará en la Editorial Aymá como corrector de pruebas y estilo a diez pesetas la hora, lo cual demuestra su buena preparación literaria.

Sentía una tremenda nostalgia de Orihuela, a la vez que le acudían los recuerdos desagradables que le molestaban sobremanera, se refugió en la lectura, deja de escribir, porque la creación poética se convierte en un verdadero trauma y tortura. Es posible que entre otros libros leyera "La Náusea" (1938) de Jean Paul Sartre (1905-1980) en suma, el resultado de todo el período de formación del filósofo francés. Puesto que en carta versificada a Molina en 1968 nombra este título dentro de evocación lírica en un verso:

> *Como reacción defensiva*
> *contra su imperio -la Náusea-*
> *ahora me apetece ser*
> *íntimamente de plata*
> *de hojas de brisa y cristal*
> *sonando por mis palabras.*

La profesora María Dolores García Selma, expone con gran acierto la imposibilidad de Carlos para hacerse acreedor a la fama que tenía y lo que los amigos le exigían:

Frustrada esta pretensión de inmortalidad, es decir, desde la consciencia de su no ser poético. Fenoll acude al poema casi exclusivamente como forma de reencuentro con su yo esencial. El poema será, a la vez que un lamento, que un acto nostálgico, un constatar que su sensibilidad sigue viva aunque latente. (*La poesía de Carlos Fenoll*, Instituto de Estudios Alicantinos, nº 39, 1983)

En 1955 se puso en contacto con su paisano Luis Ezcurra (debe ser Carrillo de segundo apellido), redactor de "La Vanguardia", que le promete entrar en la plantilla de los talleres de dicho periódico. Pero no consta que entrara.

El poeta Carlos Sahagún Beltrán (Onil, Alicante, 4 de junio de 1938-   ) le envía su poemario *Hombre naciente*, editado en Ediciones Silbo, Alicante, 1955; dijo de él que era un "gran poeta posible", de hecho, Sahagún ganó en el Premio Nacional de Poesía en 1980. En 1970, Manuel Molina y Carlos Sahagún fueron a Roma a visitar a Rafael Alberti, que residía en la Ciudad Eterna.

En 1956 le escribe a Molina, para decirle que ha inaugurado una nueva etapa creadora, lleva escritos seis poemas, que casi le satisfacen para su libro que titulará *Espada de Fuego,* que piensa presentar para el premio "Ciudad de Barcelona". (De estos poemas inéditos nada sabemos, los últimos publicados son, como ya he comentado, del 52 para la revista *Semana Santa*).

A partir de estos años deja la literatura de creación y se alimenta solo de la literatura epistolar, donde ya manifiesta sus altibajos y estados de ánimo, en constante lucha interior.

2.- El polémico prólogo al libro de Manuel Molina

En 1955, Manuel Molina le Rodríguez pidió un prólogo a Carlos para su libro de poemas *Versos en la calle*, que aparecería bajo nueva marca Editorial Silbo o bajo el dinástico escudo *Silbo*, éste accedió a regañadientes y se lo escribió más o menos a la medida de lo que el solicitante deseaba oír, pues le bautiza como "el Benjamín del grupo Silbo", nombramiento que no gustó a Pérez Álvarez como más adelante veremos. Quien en el futuro se negó a nombrar a Molina, siempre usaba algún apelativo, como "el oriundo" o "este caballero". El prólogo es corto pero sustantivo para una polémica literaria local, donde supuestamente Molina involucró a Carlos en algunas afirmaciones no del todo ciertas. El primer borrador, después de enviárselo a Molina no le gustaba, y un mes después le envió otro para según él "dormir tranquilo"... "no me convencía sobre todo el final". Al parecer el primero debió de ser un poco más ligero; leemos el segundo publicado:

Texto completo del prólogo:

Al publicar este libro bajo el signo de Ediciones Silbo —el único número aparecido de esta publicación en Orihuela data de 1936— Manuel Molina obedece a un nostálgico gesto de su espíritu que demuestra, sintetizada en esta palabra, "Silbo", toda la adolescente y mágica belleza de su mundo de ayer, el fulgor de ese mundo mejor, ingenuo, maravilloso y encantado que todos dejamos detrás de los veinte años como un insospechado tesoro, como un perenne manantial de recuerdos y, también, como una lejana y dulce estrella de referencia y de contraste para el amargor y el dolor de nuestras futuras experiencias de hombres.

Aquellas hojas de papel de «hacer cometas». Silbo. Hojas de poesía. Dos números en diferentes tonos amarillos, más la citada edición, satélite de la revista, fueron los últimos hogares líricos, de fundación propia, de la ya casi desaparecida familia literaria y poética de Orihuela, de la que Ramón Sijé fue el cabeza, Miguel Hernández el primogénito y Molina el Benjamín.

En el vivísimo corazón -doblemente vivo por el fluir del entusiasmo y de la sangre- de nuestro hermano menor quedó desconsolado el deseo de aportar su granito de poesía a aquellas de gran revuelo, prestigiadas por magníficos poemas de Juan Ramón Jiménez, Vicente Aleixandre, Pablo Neruda, Miguel Hernández y Carmen Conde.

Los primeros disparos de la guerra —preparábamos el tercer número, correspondiente al mes de julio— hicieron enmudecer al eufórico e impetuoso Silbo, dispersó a los silbadores y el Benjamín ya no pudo transmitir su mensaje.

Pero al cabo de diecinueve años, manejando en sus manos de nostalgia el ardiente material del antiguo deseo, el poeta-hombre reconstruye su lírica casita de poeta-niño, le coloca su dinástico escudo, SILBO, y cuando ya está lista observamos con dolor, que no es la misma, que el tiempo ha dejado su huella inconfundible.

La vida no pasa en vano en el corazón del poeta verdadero; pasa para dejar en él su dolor embellecido, ennoblecido, espiritualizado: su rastro de eternidad.

*Aquel niño entusiasta y siempre maravillado era, en efecto, un poeta verdadero. **No se ha hecho poeta**. Los que **se hacen** no resisten la prueba de fuego del dolor de la vida, el acoso cerrado de las penas: dejan de cantar y se refugian **en algo positivo**.*

Manuel Molina hombre, poeta sin remedio, fogueado y acosado, canta. Por nada dejará de cantar. Quien le dio esa misión no rectifica. El poeta esencial, como los astros en su girar sin fin, sólo obedece.

La obra, ya se ha dicho, es un reflejo del ser. Nunca tan verdad como en el caso de nuestro poeta. Su poesía es su propia valentía moral, su sinceridad, su bondad y su ternura.

Poesía verdadera en suma, reveladora de su inteligente conocimiento y concepción de la belleza.

Carlos Fenoll. Fundador de Silbo

Cuando Ramón Pérez Álvarez leyó este prólogo y el nombramiento de "Benjamín" del Grupo Silbo saltó en ira contenida, años después, cuando decidió poner en orden sus recuerdos, escribe:

Hubo un malentendido entre ambos, motivado por el prólogo que le puso a un libro del "Oriundo" Molina en el cual hablaba de una posible colaboración de Molina en "Silbo" y diciendo que éste, había pertenecido al grupo editor, siendo el "benjamín". Me sentó muy mal. Molina no había pertenecido al grupo ni esperábamos colaboración alguna de él [de hecho no publicó nada en ninguno de los dos números, ni en el libro]. Jesús [Poveda], en su libro, lo tilda de "batracio". Fue un cuentista, un fabulador a su mayor gloria, montando una tertulia inexistente, que ha sido desmontada, aparte de por mí, por Josefina [Fenoll] y Jesús en sendos trabajos publicados en la revista de Albox [Almería], dirigida por José Antonio Sáez Fernández, "Batarro". (*La Lucerna*, nº 41, diciembre, 1995).

Pérez Álvarez también escribió a Jesús Poveda para que confirmara y desmintiera el viaje de Molina a Madrid con ellos dos en la guerra y consiguiente visita a la casa de Vicente Aleixandre. Y Poveda confirmó no había pertenecido al Grupo Silbo.

Fenoll, el uno de agosto de 1961, escribe una carta a su amigo Antonio García-Molina Martínez en la que se excusa por no poder escribir un poema para la revista *Oleza* que dirige el oriolano Joaquín Ezcurra Alonso, y a quien se lo había prometido. "Yo no encuentro por ahora ese momento especial necesario. Nada hace chispear a mi espíritu, nada lo imanta. Hay algo nocivo, esterilizador, en la atmósfera moral del mundo para mi sensibilidad. Ya no es sólo el trabajo duro y el tener que vestir y calzar a crédito lo que me impide reaccionar favorablemente ante la belleza, es también una confusión ante la vida actual". Nunca envió ese esperado poema para Ezcurra; había dejado de escribir definitivamente.

Entre marzo y abril de 1966 estará de campaña en Lérida con los de Intendencia. A primeros de mes recibe un ejemplar del libro *Literatura Alicantina* de Vicente Ramos, de 1965, por el que le habían dado el premio Azorín. Le felicita, le agradece el detalle y la dedicatoria. Su mujer le comentará: "¿Ves? Este chico te ha hecho inmortal, y sin hacer tú nada". Y Carlos una vez más en su complejo y su humildad le escribe "no he hecho literariamente nada que valga la pena"...

Según leemos en su correspondencia es cierto que debió escribir alguna novela puesto que escribió a su amigo Molina que se iba a presentar al Premio Nadal y al Premio Ciudad de Barcelona de novela. (*Canto encadenado*, IEA 1978, pág. 21). De cuyos resultados no tenemos constancia. En otra carta comenta que su amigo Miguel Hernández le dijo en una ocasión: "Carlos, tu mejor poesía está en tu corazón; escribir es lo de menos". Un forma elegante de decirle que dejara la poesía, por no escribir con los "cojones del alma".

Las muchas campañas que hicieron con el Ejército –panadero civil, no militar-, el fumador empedernido que llevaba dentro y el escaso dormir del oficio de panadero, al que nunca pudo renunciar, mermarían su salud; ya en enero de 1970 confiesa a Molina que se encontraba enfermo en cama.

En abril de 1968, hizo un viaje con su mujer a Alicante y a Orihuela por Semana Santa, visitó al matrimonio Manuel Molina-Maruja Varó Busquiel, así como al poeta alicantino Rafael Azuar Carmen (1921-2003). En Orihuela visitaron a la familia de Ascensión Ávila. Un año después Molina publica su libro *Miguel Hernández y sus amigos de Orihuela* en Edición de Ángel Caffarena, Guadalhorce, 1969, de Málaga, donde creemos fantasea algunas anécdotas.

El poeta y editor malagueño Ángel Caffarena Such pasó unos diez años de su existencia en Alicante (1967-1977). El motivo de su venida a esta ciudad no respondió a ninguna de las dos características personales aludidas de poeta y editor. Fue su condición de funcionario la que marcó su destino. Vino a hacerse cargo de la dirección provincial de un organismo relacionado con el trigo [...] Tras su llegada a Alicante no tardó Ángel Caffarena en relacionarse con el mundo ciudadano de la cultura, granjeándose numerosas amistades entre escritores, poetas, pintores, coleccionistas de arte, bibliófilos o simples aficionados a cualquier manifestación artística. Era proverbial su simpatía, generosidad -rayana en la esplendidez- y su entrega, como editor, a quienes consideraba que debía apoyar en sus inquietudes literarias, por encima del nombre, calidad o tema, ya que con frecuencia manifestaba que su misión no era juzgar sino dar a conocer. ("Ángel Caffarena: sus años alicantinos", Gaspar Peral Baeza, revista *Perito (Literario-Artístico)* nº 5, diciembre 2005, pps 6-8)

En junio recibe Fenoll una carta del famoso padre Alfonso Roig, de origen valenciano y mecenas de las artes, amigo de la filósofa veleña María Zambrano, dirección postal que le había facilitado Manuel Molina. La respuesta es significativa. Deducimos que el padre Roig le propuso escribiera sobre su poesía y su relación con Miguel Hernández. Una vez más responde con evasivas "no es posible", y apunta, que sería bueno para él un libro: "Así mi libro sería como una rectificación de mi conducta", es decir, como un propósito de enmienda. Le da largas con la parábola "Mi amo me dio una moneda", o especie de confesión sin confesionario, pero por qué, porque quizás consideraba se había de purificar en libro sus recuerdos que le perseguían. Uno no puede huir de sus recuerdos, los llevamos siempre con nosotros liados a la cabeza como un turbante; y escribe:

...Pretendo hacer. Y esto es de momento lo importante: querer. Quiero —por lo que me vienen muy bien sus palabras animadoras, que le agradezco mucho—, aunque sea a paso de tortuga, dar cima a mi dichoso [rechazo o protesta] libro [que durante 30 años me reclaman], porque necesito descansar en él mi conciencia: mi Amo me dio una moneda —sensibilidad poética— y la guardé en la oscuridad mucho, mucho tiempo. No la perdí, pero no la multipliqué en beneficio de mi amo, mío ni el de nadie... Ya sabe la lección final de la parábola [se refiere al gozo celestial cuando un pecador se arrepiente – Lucas 15:7,10]. Así, mi libro será como una rectificación de mi conducta. (Carta de 13 de junio de 1968).

El 3 de noviembre del 70, recibe una carta de su amigo José Sánchez Hernández, al que conocía desde cuando ambos fueron milicianos en Toledo en 1939. Pues al responderle le hace referencia a su onomástica y comenta sobre su patrón San Carlos: "Como precisamente la recibí la víspera del día que le "tocaba" a mi Jefe celestial e italiano —menos mal que no fue catalán- ser el presidente en la ONU litúrgica, resultó un magnífico prólogo de la festividad"...

El día 4 de noviembre corresponde en el santoral a San Carlos Borromeo *el Poderoso*, nacido en Arona (Italia) en 1538.

Acabados sus estudios de derecho pasó a cardenal, de allí a Secretario de Estado del Papa y finamente a obispo de Milán, donde se entregó con esmero a sus fieles. Su labor supuso una mejora de las costumbres y un incremento de la vida cristiana en su diócesis. Fue uno de los principales promotores del Concilio de Trento e intentó poner en práctica todas las importantes reformas allí surgidas. Murió con tan sólo 46 años en 1584.

Con fecha 25 de septiembre de 1971 escribe a María de Gracia Ifach a Madrid, respondiendo a preguntas de la investigadora, donde le cuenta varias anécdotas sobre Miguel, pero desvariado de la realidad, como cuando dice que la niña aquella que conoció en la estación de Orihuela en marzo del 32 (Carta a Sijé *O.C.*2294), pudo ser Josefina Manresa. No podía ser ella porque se conocieron en el verano de 1933, un año después. También le cuenta sobre la venta de la escribanía de plata del premio que ganó Miguel en marzo de 1931.

El mes de octubre de 1972, meses antes de morir, los pasó con su mujer en Tenerife (Islas Canarias) en casa de su hijo Carlos que residía allí. El viaje lo hizo en barco. Por estas fechas escribe a su amigo José Sánchez donde le cuenta su viaje, y además, como siempre, añade una queja y clama por el tono sobre su estado de decepción y amarga autocompasión. El siguiente poema es un soneto libre encubierto (en el original corresponde a prosa epistolar), que con licencia del autor nos hemos permitido desglosarlo en versos, donde en una transfiguración espiritual, el poeta ya está convertido en un Lázaro, es decir en un cadáver prematuro –un mes y medio antes de morir físicamente, pues Carlos tenía por costumbre morirse espiritualmente: desaparecer- por eso le dice a Sánchez que su carta le hace reír y resucitar a "mi Lázaro". Es un poema entre silva y soneto sublime, de auténtica raíz fenolliano, quizás su obra maestra, leamos y pensemos:

> ¡Ay, morirse uno así, por las buenas,
> en vida, y no saberlo nadie o no querer creerlo
> nadie!
> Pero, ¡alto! Sin darme cuenta, ¿ves?

ya estaba derivando a lo oscuro; ¡y no, «ahora»
no!

Acabas de liberarme, de hacerme
el portentoso milagro de Lázaro
en versión femenina, esto es,
de resucitar a golpes de risa a mi Lázaro,

a mi carcomida y andrajosa alma,
y quiero que me dure esta alegría
de la resurrección por lo menos

hasta la hora de cenar, que luego
me voy a dormir. Ya puede
hundirse el mundo. Mañana, Dios dirá.

(23 de noviembre de 1972)

Murió con su "remo de navegante en pan" en servicio activo, horneando el pan más literario posible a los 60 años y cuatro meses en Barcelona de un infarto mientras dormía, cerca de las doce uvas, el 31 de diciembre de 1972. Su cuñado Jesús Poveda y su hermana Josefina lo relataron así a José Luis Zerón Huguet:

Murió la última noche del año y la última hora del año, a las doce de la noche. Acababa de llegar a su casa y su mujer le pidió que bajara la basura. Cuando subió se sentó en la cama, esperando que su mujer le llevara un vaso de leche y murió sin enterarse. "Murió como él siempre deseó"... (*La Lucerna* nº 41, diciembre, 1995, p. 19)

Joaquín Ezcurra, muy desengañado de las múltiples súplicas, más que peticiones a Fenoll para que colaborase en su revista *Oleza*, escribió como responso:

No quiso hablarme de Miguel ni de Ramón. El Carlos Fenoll poeta había muerto con ellos. Quien más había conocido a uno y a otro se ofreció como un hombre vencido, impotente de sobrellevar la pesada carga de tantos recuerdos, renunciando a ser un testimonio de la grandeza poética y literaria que en su

95

tahona, en su calle, existía con tanta promesa de poder legar a quienes, años después, vendrían a estudiar el fenómeno de la «generación poética de Orihuela», de la que fue su hermano mayor. ("La semana Santa de Orihuela en la poesía de Carlos Fenoll" Oleza, 1973)

Fuera como fuese personalmente, lo que nadie puede contradecir es que escribió algunos poemas sublimes, merecedores de estar en las antologías de poetas de posguerra. Y un hombre lleno de dudas e inseguridades tras sobrevivir a una dura posguerra. Por ello, los nuevos investigadores fenollianos deberían buscar en los Archivos de Vicente Ramos en Guardamar del Segura, Herederos de Efrén, así como en los de Ramón Pérez Álvarez en la Biblioteca Pública de Orihuela, Francisco Martínez Marín, Antonio García-Molina Martínez, Joaquín Ezcurra, Fundación Cultural Miguel Hernández... Y en revistas como *Momento, Semana Santa, Juventud Mariana...*

La vida y obra de Carlos Fenoll se podría resumir en una quincena de frases

1.- La suerte es loca, se hace amiga de las locas.
2.- Vivo en un infierno de alcohol y de locura.
3.- Polvorienta y vetusta Orihuela.
4.- Ahora sí que estoy seguro de ser un poeta.
5.- No podemos traicionar nuestro destino.
6.- Mi obra poética está toda por hacer.
7.- Viles preocupaciones y estados de ánimo infernales.
8.- Cantaré entre herramientas de fatiga y quebrado.
9.- Mi alma llora su pesada cadena.
10.-Uno se consuela pensando que alguien debe tener culpa.
11.-No quiero homenajes, quiero pasar desapercibido, sin que se note.
12.-Mi libro será como una rectificación de mi conducta.
13.-Todo lo que he publicado no me sirve, no lo considero bueno.
14.-Y esa mano muerta más no del todo fría bendice todavía.
15.-Porque sólo es verdad aquello que puede conducirnos a la muerte sencilla.

POEMAS SELECCIONADOS

Carlos Fenoll es un poeta irregular en su creación, intermitente manantial lírico, de lento proceso que escribió poesía hasta un mes antes de morir. Aunque es poeta de poca obra, algunos poemas son sublimes, magistrales, suficientes para merecer un puesto entre los grandes. Es un poeta de inspiración, lo contradictorio es que jamás publicó un libro – excepto en *Poemas* 1936-, y sus poemas son difíciles de encontrar pues se hallan dispersos en antiguas revistas, periódicos, en cartas y en cuatro estudios de sus obras: el de Manuel Molina, Vicente Ramos, A. Reig Sempere y el de María Dolores García Selma (2000) de escasas tiradas.

Hemos seleccionado veintitrés poemas, entre el centenar que escribió en cuarenta años, consideramos que estos son los más destacados y determinantes de su creación, es decir, los poemas genuinamente fenollianos. Hemos de partir del concepto que es un poeta sincero, verdadero y de la experiencia, por ello, a través de su obra podemos seguir de cerca sus estados de ánimo, sus alzas y sus bajones, su estado espiritual y personales. Incluso hemos advertido en su epistolario algunos poemas encubiertos, es decir, poesía en prosa, que en una lectura subliminar contiene características líricas de suficiente entidad y calidad. Se han ordenado por años de publicación. Sería deseable la publicación de sus obras completas.

LA SONATA PASTORIL

A Miguel Hernández, el pastor que en la paz y el silencio de la hermosa y fecunda huerta oriolana, canta las estrofas que le inspira su propio corazón.

Cuando la tarde declina
y el sol va perdiendo el brillo,
tras de la parda colina
se siente la sonatina
de un alegre pastorcillo.

¡Es él!... Él es quien inspira
de mi huerta los cantares;
y es su cayado la lira
que suena cuando suspira
el viento en los olivares.

Sus versos son cual la brisa
que acaricia con dulzura
cuando la tarde agoniza
al agua que se desliza
silenciosa en el Segura...

Ya torna a su hogar querido
por la vereda desierta
de su rebaño seguido
este pastor... ¡que ha nacido
para cantar a su huerta!

Recoge en su seno el viento
la sonatina que canta
marchando con paso lento...

¡El cantar tiene un acento
de plegaria sacrosanta!

Ostenta el cielo un color

amarillento pulido...

¡Es el iris que al cantor
lo subraya con amor
después del deber cumplido!

El Pueblo de Orihuela, el 30 de diciembre de 1929

ORIOLANA

Su pelo es rubio tostado,
sus ojos como la noche,
y sus labios, cual el broche
de un clavel inmaculado.

Su cuerpo, digna pintura
de Rafael o Murillo;
y es su hablar claro y sencillo
como el rumor del Segura.

Cual la perfumada brisa
que en la noche se distiende
es su agarena sonrisa,

¡y hasta la tierra pretende,
cuando con sus pies la pisa,
cantarla, porque la enciende!

"Actualidad", Orihuela, 2 de enero nº 97, 1930

SÜPLICA

A Ramón Sijé, al empezar mi senda.

Tú, padre espiritual, noble y ameno
Ramón Sijé de la gran nariz de loro;
tú, hermano sentimental, breve y moreno;
tú, que encierras en tu pecho un pájaro de oro...
no consientas que yo, enfermo de ilusiones,
caiga, roto y sin fe, en mi primer camino.

Dame tu mano que arde en santas vibraciones,
dame tu fe y tu luz en el cáliz de un pino.
Y si a flote me llevas, desde la aurora-luz,
yo te daré mis brazos en forma de cruz
con el temblor de dos ramas mecidas
de almendro joven, bellamente floridos.
Yo te daré mis ojos llenos de puras
lágrimas de jazmín, transparentes de ternuras.

Creado en 1932, publicado en 1978

GITANA

Obsesionada de oros
sale gitana al camino.
Espina dorsal del viento,
pasará el cielo a tornillo.
Cansada y doliente danza
un lento compás de rito,
y se ondula, humo moreno,
esbeltez en equilibrio.
La luna de su garganta
le eclipsará el apetito.

Carlos Fenoll. Revista *Isla*, Cádiz, nº 2.3, 1933 Revista de Pedro Pérez Clotet, natural de Villaluenga del Rosario (Cádiz).
Publicación que consiguió Carlos gracias a la mediación de Miguel Hernández.

PRIMER HIJO

Dulce fruto, compañera
dulce hijo, tierno amor.
¿Hace el barro esta labor
suave y fragante, de cera?

¿De una semilla grosera
nace este bello rubor
de concha marina y flor,
de cielo de primavera?

Compañera, de oro y miel
se hizo en ti la sangre mía,
toda tu sangre un gran beso.

Nada preguntemos: él
nos da una pura alegría...
y es bastante saber eso.

Del libro *Poemas* 1936 (Su primer hijo José Antonio, había nacido en Orihuela el 15 de diciembre de 1935)

EL ÁNGEL DE LA QUILLA VERDE

En el mar, en la estrella, en la raíz.
En las pupilas y los senos verdes.
En la pena verde
que el martillo, que el dolor no madura.
En el hierro tierno donde el fuego se ahoga,
y en el pozo antiguo, y en el agua verde,
larga y sin espinas,
late en perpetua gestación un ángel.
No te exasperes como el diente clavado
en un fruto verde porque seas verde:
teme, teme al aliento del verano
que te ha de abrir los cálidos veneros,
que te ha de dar dulzor como a las frutas,
porque esa fiebre matará a tu ángel,
tu dulce ángel de chiquilla verde...

Libro *Poemas* 1936 con el número 3. Y revista *Arte Joven*, Alicante
1940.
Poema que tiene influencias de Pablo Neruda, y del nombre de la
revista *Caballo Verde para la Poesía*

SENDA DEL AMOR, SOLA

El corazón tiene sendas.
¡Una senda clara y sola:
pájaros muertos, brillantes,
en medio! Senda que llora
el no tener compañera,
no poder ser una víbora,
ni siquiera lanza, diente,
uña. Le matan las otras
la espiga, el pájaro, el agua

y le echan lodo a sus rosas.
¡Sí ella pudiera ser libre,
ser, sin la senda afanosa
de la envidia, sin la senda
tísica del odio, sola!
¡Cómo cuidaría entonces
los trigos, el pan, la roja
nave del horno, la tierra
triste, hasta la triste roca!
Ser sola, senda de amor.
En mi corazón tú sola:
agua brillante, pradera
brillante, brillante rosa.
¡Si yo pudiera quebrar
la amarga raíz de las otras
en mi corazón, sacarlas
de sus basuras más hondas!
Y no podré nunca. ¡Nadie
podrá nunca, nunca!, sola.

Revista *Silbo* nº 1, (1936). Tiene influencias nerudianas.
Extraordinario y sensible poeta hoy olvidado en los medios editoriales
y antológicos, obra difícil de encontrar.

[A los héroes de la batalla del Ebro]

Hermano Jesús Poveda:
Una gana inexplicable
de escribir, como una fiera
me ha acometido esta tarde.

¡Oh, mi crónica pereza
cómo cruje y se deshace
sorprendida por el viento
imprevisto de mi sangre!
¡Victoria! ¡Voy a escribirte
por arroyos de romance!

En mi poder, y en el centro
de mi más cara alegría,
está, desde ayer de noche,
-¡oh, Armengola!- "Reconquista".
La invocación que hago aquí
a nuestra brava heroína
no la he podido evitar;
el nombre de la revista
me ha chispeado en la frente
mil luces de cohetería,
lirios de leyenda, sangre
de la espantada morisma. . .
tu infancia, como la mía,
-¡nuestro ayer!-, de épico orgullo
y medieval fantasía!
El romance, en la portada,
baja como sangre tibia
de tu corazón, cantando
la gesta enorme y magnífica
del salto del Ebro. . . "Héroes
nadando en su sangre misma". . .

Lírico y emocionado,

breve, el romance se agita
Sobre las aguas del río
Como un laurel de conquista.

Héroe de todas las clases
Del salto inmortal del Ebro...etc

25 de octubre 1938.- Castilla
Romance dedicado a su cuñado Jesús Poveda Mellado

DE HOY PARA MAÑANA

Recuerdo: En un cortijo desconocido
«Casa de Aliman, enclavado en un inmenso
campo, relativamente cerca de Toledo,
nos reunimos una mañana, cuatro desperdigados
hijos de Orihuela: José Sánchez Hernández,
Manuel Soler (Lolo), Antonio Romero y yo, Carlos Fenoll

Mis paisanos amigos, voces puras
de la oriolana lengua,
que es castellana y suena a Andalucía
por la «ese» heredada de Valencia;
a través de la sangre y de la muerte
clamorosa y gloriosa de la guerra,
y después de avanzar, por largo tiempo,
por cien rutas distintas y diversas,
se encontraron y unieron fuertemente,
con íntima fruición, las manos nuestras,
y fue aquí, donde el trigo
crece en mares de tierra
y el olivo se duerme en su abundancia
reluciente y soberbia.
¡Fue aquí, bajo los cielos

de Castilla la Nueva!

¡Qué ramos de pasión y de añoranza
se abrieron en mi pecho! Es Orihuela,
es la savia y la vida y la alegría
de la patria magnífica y pequeña,
la que toma calor, color y forma,
la que siento, amo y veo en vuestra lengua.

Es San Miguel, el río, el Rabaloche,
es mi Antoñín, mi esposa, dulce hija
de Ascensión «la Valera»;
es el Zara y el Cura, y el Lorente,
y las ermitas de las carreteras;
es todo esto, típico y querido,
embellecido todo por la ausencia
lo que han traído vuestras voces puras
a mi pobre cabeza...
Mis paisanos amigos, ¡yo os abrazo
con mi espíritu en fiesta!

(Toledo, marzo de 1939)

HORA INDECISA

Ha llovido: y perdura, ya muy débil
un fragor de tormenta. El cielo está
cubierto de ceniza. Agosto sube
a su ahogado crepúsculo final.

Un pensamiento súbito: mañana,
en el alma de Europa, ¿cerrarán
las nubes de la guerra el horizonte
de esperanza en el tiempo de la paz?

¿Se ha de obrar el milagro que la salve,
—¡Oh, milagro de amor, de lumbre y pan!—
al hallarse una ruta de justicia
para los hombres de buena voluntad?

La ansiosa incertidumbre, y el paisaje
profundamente triste y hosco, dan
a mi espíritu un hondo sentimiento
de infinita piedad...

(Publicado en *Verbo*, 1946). (Escrito en el año 1939)

SE FUE EMPAÑANDO   [A CRISTO]

Se fue empañando, bajo el surtidor
de cruzadas espinas, la tersura
del Espejo de toda la hermosura,
de todo Amor y de todo Dolor.

Al cerrarse sus ojos, ni la flor
ni el pájaro, ni vida alguna pura
vieron el sol, sino la más oscura
noche del mundo, y sola, en derredor.

Y como un inquietante mensajero
fue el silencio invadiendo los caminos,
envolviendo en su angustia todo hogar.

«¡Pecadores, miradlo en el madero!
Ha muerto por vosotros. Sus divinos
labios de luz acaban de expirar...»

Revista *Momento,* Semana Santa Orcelitana, Orihuela, 1942

CRISTO YACENTE

(A Juan Bellod, que sabe ver)

Como un haz de silencio solo y puro
yace el cuerpo divino del Amado.
Tiene el peso seguro
de la muerte; el gran peso aplomado.

Es un cuerpo lavado
donde no está la sangre ni su huella.
Es una limpia y solitaria estrella
la herida del costado.

Esa avarienta lumbre,
esa garra cruel que es el dolor,
no le pudo arrancar su dulcedumbre.
Su rostro es una flor...

¡Y esa mano, y esa mano que, muerta,
mas no del todo fría,
levemente entreabierta
bendice todavía!

¡Oh hermosura del arte que impresiona
al alma y la conmueve!
Tu imagen, ¡oh Señor!, no me abandona.
¡Permite que la lleve
hasta ser polvo y nada mi persona!

Revista *Momento*, Semana Santa Orcelitana, marzo 1942

NO REPOSES, AMOR

Tú, como el mar, no reposas. Amor.
Si de pronto cesara tu vasto movimiento,
una ola infinita de odio y de terror
cubriría la tierra y la luz del firmamento.

¿Qué infierno, Amor, más grande y pavoroso
que la humana razón, sin tu atadura,
trastocada en un viento impetuoso
devastador, creciente, de locura?

¿Qué patria, qué deber, qué santidad,
qué noble sed de gloria inmarcesible,
qué interna claridad,
qué belleza sería ya posible?

Las alas de los besos no serían
de luz, sino de barro pegajoso;
las flores y los astros se odiarían,
como todo lo puro, lo bello y luminoso.

Ni una conmovedora despedida,
ni un rostro de cristal, fiel y risueño,
ni la miel de una voz enternecida,
ni un canto ni un ensueño.

Ni una mano de luna
resbalando, en caricia, en una frente ardorosa,
ni un aire de canción junto a una cuna,
ni una pisada queda, ni un rezo ante una fosa.

Sólo la garra, sólo la serpiente.
sólo la aguda espina,
la miserable carne solamente
entre aullidos, tinieblas y ruina.

¡No descanses, Amor, en torno mío!,
aunque seas, a veces, amargo, cruel, violento,
como el mar levantado en un ciego desvarío.
Yo prefiero la muerte a estar vacío
de la fuerza creadora de su aliento.

Revista *Momento,* Semana Santa de Orcelitana, marzo 1942, y
también en *Juventud Mariana*, Orihuela, nº 10, diciembre 149, p.26

A LA MUJER ALICANTINA

Mujer alicantina, en tu homenaje
te ofrezco mi riqueza:
además de un sencillo y negro traje
tengo un mundo transido de belleza.

En él ya no es tan pobre el agua pura
ni la hoja amarilla y volandera.
A todo le he imprimido mi ternura
y ya es de otra manera.

Ya todo lo que es bello, todavía
es más bello para mi corazón.
Mundo claro, de ensueño, de poesía,
de transfiguración.

La noche es una selva palpitante
y una selva una noche misteriosa;
el rocío es un llanto de diamante
en la dulce mejilla que es la rosa.

Un beso es una espada
de un húmedo coral para el amor.

112

El mar es solamente una mirada
y una tierna mirada es una flor.
Un astro es una mano que resbala
por la sombra de un triste pensamiento,
y una mano es un ala
que palpita en el viento.

En mi mundo se exalta y se resume
la fuerza de la gracia y la alegría;
se revela el misterio del perfume,
del color, de la forma y la armonía.

Mas toda esta belleza que tiene el manto
de la tuya divina.
Tu belleza es mi espuma y es mi canto,
mujer alicantina.

Donde acaba tu piel
acaba la tersura.
Después de tu mirada, ya no hay miel.
Sueña el jazmín tu blanca dentadura.
Noche, selva, diamante,
flor, rocío, agua pura ;
lumbre astral, mar sonoro, ala vibrante:
¡acatad el poder de su hermosura!

Con este poema ganó el primer premio de poesía barraca fogueril
"Bon Tabaquet" 1942. Organizado por Francisco García Sempere.
Publicado en *Llibret homenaje a la Bellea del Foc*. Alicante, ilustrado
por Melchor Aracil. Los últimos diez versos aparecieron también en
un libro sobre las Hoguera de San Juan.

Fotografía de la publicación del poema en la revista "Bon Tabaquet" 1942.

114

HORA MALDITA

Todo canta, sin duda, a su albedrío
la ventura de estar vivo y despierto
bajo el grito del sol: la calle, el huerto,
el pájaro, la flor, el aire, el río...

Todo canta, sin duda, en torno mío,
mas todo, hasta el amor, está ya muerto
para mí en este instante —que no acierto
nunca a vencer— de espeso y lento hastío.

Esta es, aquí está la hora maldita:
no es la piel de la noche tan oscura
ni la angustia mortal tan infinita.

¡Alma, rasga tu noble vestidura,
que es la hora que a mí me precipita
a un infierno de alcohol y de locura!

Revista *Intimidad poética*, abril de 1943

En la transcripción de Vicente Ramos del último verso (IEA. mayo
1974, nº12, p.70), cambia en el último verso "alcohol" por "amor" (a
falta de ver el original).

SOLEDAD

Las sombras de los seres que he perdido;
la luz de los que amo en el presente,
el odio de mi sangre, el más vehemente;
el sueño de mi alma más querido.

El aliento de gloria que ha esparcido
primavera en el aire transparente;
todo se me ha hecho vano de repente
contemplando tu rostro dolorido.

El poder del recuerdo abre las fosas,
y el odio y el amor pueden más, tanto,
que renueva sin fin todas las cosas.

Un dominio supremo, el del encanto,
ejercen los ensueños y las rosas...,
¡pero a todo poder vence tu llanto!

Publicado en "Semana Santa" de Orihuela, 1944

Cristo en primavera – Presencia de Jesucristo en primavera

Te has acercado más, Suma Armonía,
y me deslumbras más, Blanca Luz Suma.
¡Qué cerca de tu beso, oh Suma Espuma!
y que sabor de Ti, Suma Ambrosía.

Has penetrado en la memoria mía
como lanza de sol en ciega bruma.
¡Eres Tú, Jesucristo! Te rezuma
la riente y gentil primavera.

¡Eres, Tú, Jesucristo, difundido
por el ámbito azul! ¿Quién no te advierte?
Huele todo a tu largo pelo ungido,

huele todo a tus manos; y aún más fuerte
llega un olor de Amor, de Gloria y Muerte
desde las rosas de tu cuerpo herido.

NOTA.-
De este soneto solamente conocíamos dos títulos diferentes: "Presencia de Jesucristo en primavera" y "Cristo en la Primavera", no el texto, perdido en revistas locales de Semana Santa, sin aparecer en estudios posteriores, debido, creemos a la confusión existente al tener dos títulos como podemos ver en las siguientes ilustraciones, encontradas por Aitor L. Larrabide, de la Fundación Cultural Miguel Hernández, el 18-04-2012: Documentos que son todo un hallazgo, y que publicamos en Internet por primera vez.

IMPORTANCIA Y SIGNIFICACIÓN: Este soneto forma parte del tríptico místico de poemas dedicados a Cristo por este sublime poeta.
El primero se titula "A Cristo", de 1942, alude a Cristo crucificado.
El segundo "Cristo yacente" de 1942
El tercero "Cristo en la primavera", 1946 y 1951 cuya significación no es otro sino reflorecido en un Jesucristo resucitado en la Pascua de Resurrección. Es en primavera cuando se celebra la Semana Santa y cuando reflorece la vida. Y es la Resurrección donde reside la fe de los cristianos.

EL CANTO ENCADENADO

Cuántas constelaciones de claras hermosuras
rodando por mi mente sin posible destino,
jamás podré crearlas con tantas ligaduras
que me anilla en el alma mi trabajo asesino.

Me hace trocar el oro del cielo por el cobre
del mundo material; me amarga y desespera
cuando, duro y brutal, me hace dos veces pobre,
robándome el ensueño, la luz, la primavera.

Nada puedo contra él: dos niños corazones
—arroyuelos que cantan la misma sangre mía—
y el amor a mi esposa, son las grandes razones
que estrangulan mi grito de ansiada rebeldía.

Deseando la paz, quiero aplacar mis sueños,
borrarlos, como borra la aurora a las estrellas,
pero igual que la espuma, son vanos mis empeños:
germinan sin descanso, renacen como ellas.

Cantaré entre herramientas de fatiga y quebranto
ya que un fuego inmortal, divino, me lo ordena.
Pero siempre habrá un dejo de amargura en mi canto
mientras llore mi alma su pesada cadena.

Se publicó por primera vez en "Intimidad Poética", Alicante abril-mayo de 1944, y posteriormente en "Verbo" en 1946.

En el verso 17 "Cantaré entre herramientas de fatiga y quebranto", advertimos similitud con el soneto 24 de *El rayo que no cesa*, primer cuarteto "Fatiga tanto andar sobre la arena/ descorazonadora de un desierto,/tanto vivir en la ciudad de un puerto/ si el corazón de barcos no se llena". Carlos fue un gran lector de la poesía hernandiana. En "El niño yuntero" señalamos "Nace, como la herramienta,/ a los golpes destinado,/de una tierra descontenta y un insatisfecho arado".

REFLORECER

Fruto de mi propio error
recojo mi sufrimiento
y con él sólo alimento
mi oscura vida interior.

Para aplacar su rigor
de corrosiva amargura,
no cerca, sino en la hondura
del alma de mi niñez
reencuentro la limpidez
de un manantial de agua pura.

Cerca, ni fuente, ni olvido:
nostalgia y desolación
de un mundo del corazón
que pudo ser construido.

Cerca, el fantasma abatido
que se llamó voluntad.
Y ríos de oscuridad
pasando furiosamente...

Cerca —la mirada ausente,
fría— la Fatalidad.
En medio del caos presente,
Señor, de mi íntimo ser,
yo veo en tu padecer
por mí, y en el mío ardiente,
como una rica simiente
pugnando en su internamiento.

Tráele a mi alma el momento
del reflorecer, Señor,
y enciende su nueva flor,
pura, en tus manos de viento.

Revista *Semana Santa*, Orihuela 1952

AL POETA MANUEL MOLINA
[A LA MADRE DE MANUEL MOLINA]

He de dejar, amigo, mi faena
de obstinado callar, interrumpida:
mi voz se me hace urgente, sacudida
por el cósmico embate de tu pena.

Qué madre, qué humildad de hierbabuena,
de aguja en los demás siempre perdida
han devuelto las manos de la vida
a su origen de paz, sueño de arena.

Uno encuentra en su casa, en su rincón
muchos años quizás inexplorado,
algo que amó, cualquier sencilla cosa.

Con igual triste y dulce, lenta emoción
miro, y entre lo hermoso del pasado,
vuelvo a ver su sonrisa cariñosa.

Carlos Fenoll ("Información», Crónica de las Artes, 1959) y en "Canto encadenado", Manuel Molina, Instituto de Estudios Alicantinos, IEA, 1978, p.54

Al poeta Manuel Molina

He de dejar, amigo, mi faena
de obstinado callar, interrumpida:
mi voz se me hace urgente, sacudida
por el cósmico embate de tu pena.

Qué madre, qué humildad de hierbabuena,
de aguja en los demás siempre perdida
han devuelto las manos de la vida
a su origen de paz, sueño de arena.

Uno encuentra en su casa, en un rincón
muchos años quizás inexplorado,
algo que amó, cualquier sencilla cosa.

Con igual triste y dulce, lenta (y dulce) emoción
miro, y entre lo hermoso del pasado
vuelvo a ver su sonrisa cariñosa.

Carlos Fenoll

Septiembre - 1959.

121

Poema manuscrito firmado por Carlos se titula "Al poeta Manuel Molina" fechado en septiembre de 1959, si leemos el contenido está dedicado a la madre de Molina. En cambio, el otro título *"A un amigo en desgracia"* debe referirse a la desgracia que sufre Molina por la muerte de la madre, no encuentro otra explicación en el verso "sueño de arena" y en la frase "que me ha inspirado su hermoso recuerdo". Por carta de esa fecha, el título correcto sería *"A la madre de Manuel Molina",* como indica en el texto de la carta que acompañaba al soneto enviada desde Barcelona, 6 de septiembre de 1959.

(Gentileza del Archivo de Manuel Molina en poder de su viuda Maruja Varó).

CARTA EN VERSO

Querido amigo Manolo:
contesto en verso a tu carta
no por alarde sino
por necesidad de mi alma,
que en el silencio que envuelve
la intimidad de mi casa
cuando me pongo a escribirte
se encuentra impotente para
hilar y tejer la prosa
de la que vive tan harta
Di, ¿cuándo ha sido la vida
tan fieramente prosaica?
Como reacción defensiva
contra su imperio -la Náusea_
ahora me apetece ser
íntimamente de plata
de hojas, de brisa y cristal
sonando por mis palabras.
Al dulce ritmo del verso
se me hace como lejana
la voz de hierro del mundo
y mi corazón descansa.

(En una carta a Manuel Molina de 26 de noviembre de 1968)

CUARTETOS DESESPERADOS

Escribe, Carlos, sobre tu propio desaliento.
Escribe, escribe, escribe... Te acecha la locura.
Escribe hasta en las piedras, en el agua y el viento
y olvida lo que no amas del mundo en la escritura.

Peligro del silencio, de ese negro gusano
que tiñe todo intento de obrar con su negrura;
del silencio sin nombre, del silencio inhumano
que nos hace sentirnos desierto y sepultura.

A estos dos cuartetos le faltan los dos tercetos para rematar la faena, nunca mejor dicho en la terminología taurina de un Fenoll aficionado a los toros.

Estos cuartetos sueltos fueron enviados en una carta a Manuel Molina de junio de 1968. Donde el poeta reconoce que se ha quedado "estancado en la cuneta literaria", se sabe averiado y que está atascado, y sin embargo le ilusiona intentarlo de nuevo, la correspondencia mantenida con Molina durante unos 25 años, es siempre un propósito de enmienda, un querer pero no poder. Aquí unas reflexiones sobre lo que retumba en sus oídos, en su subconsciente. Contiene una gran fuera expresiva, y que cuando Carlos es él mismo su poesía es sublime, leamos.

Soneto libre encubierto en prosa-epistolar.

Ay, morirse uno así, por las buenas,
en vida, y no saberlo nadie o no querer creerlo nadie!
Pero, ¡alto! Sin darme cuenta, ¿ves?
ya estaba derivando a lo oscuro; ¡y no, «ahora» no!

Acabas de liberarme, de hacerme
el portentoso milagro de Lázaro
en versión femenina, esto es,
de resucitar a golpes de risa a mi Lázaro,

a mi carcomida y andrajosa alma,
y quiero que me dure esta alegría
de la resurrección por lo menos

hasta la hora de cenar, que luego
me voy a dormir y ya puede
hundirse el mundo. Mañana, Dios dirá.

(Barcelona, 23 de noviembre de 1972)

Soneto velado de madurez, del mejor Fenoll, escrito unos cuarenta
días antes de morir su amigo Juan Sánchez Hernández

ÍNDICE DE POEMAS SELECCIONADOS

ETAPAS Y EVOLUCIÓN POÉTICA

El desarrollo de su obra poética, transcurre en paralelo a las vicisitudes de su vida, es reflejo de sus inquietudes, gozos y preocupaciones. La evolución que experimenta es substancial y responde, en cada una de sus fases, a los acontecimientos vitales del poeta y el medio familiar, pues nos encontramos ante un poeta sincero. Es un poeta con ausencia de ideas políticas. Que sufre una transformación a lo largo de los años hacia el decaimiento, hacia el olvido voluntario. Veamos las cuatro etapas de su producción poética.

Primera etapa. De 1929 a 1935

En su primera etapa, sus poemas son de inspiración, bucólicos, festivos, felices y, en cierta manera amables, y es de mayor producción. Sus inicios son los mismos que los de Miguel Hernández: aprenden en la calle y en el campo, de la naturaleza y de las gentes; se inspiran en el mundo circundante: la huerta, la ciudad, sus habitantes y sus costumbres; sus temas son fiestas de la Mona, la feria de agosto, el madrigal ardiente de sencillo carácter popular y otros muchos temas del ambiente local. Además sus objetos van directos a complacer a la mujer, el amor sencillo y juvenil, y la belleza en cualquiera de sus manifestaciones, irradiando todo una clara y primitiva alegría de vivir juvenil.

En estas primeras obras se aprecian lecturas de Bécquer, Juan Ramón Jiménez, Antonio Machado, Villaespesa..., es lo que se conoce como época de formación. En 1929 se le conocen siete publicaciones en *Actualidad, Renacer y el Pueblo de Orihuela*. 1930 es su época de mayor producción, se le contabilizan treinta y un poemas en diferentes semanarios oriolanos. En 1931 se le conocen tres poemas, parece como si la llegada de la II República le enmudecerá. A Carlos no se le reconocen actividades juveniles políticas.

Segunda etapa. De 1936 a 1942

En 1936 se advierte un cambio sobre su poesía anterior, recibe poemas de los poetas de Madrid, como Pablo Neruda y Vicente Aleixandre, que le envía Miguel para la hoja poética *Silbo* que supuso un cambio hacia una poesía impura, surrealista y nerudiana. En esta época crean el "Grupo Silbo" compuesto por el propio Carlos, Jesús Poveda, Gabriel Sijé, Ramón Pérez Álvarez como secretario, y MH corresponsal desde Madrid. Los tres primeros editaron un librito *Poemas* donde se advierte un cambio estético de los tres poetas. Destacamos "Ángel de la quilla verde" tiene evidente influencia de la revista *Caballo Verde para la Poesía*.

Escribe "Romance a los Héroes de la batalla del Ebro" en una carta que le envía a Poveda en 1938. El poema "La Gloriosa" no se publicará en *El Mono Azul*.

Terminada la guerra se oculta y no puede publicar, estamos en tiempos de cartillas de racionamiento, penalidades y las "obligaciones familiares que le sujetan a una responsabilidad de subsistencia". Prácticamente deja de escribir poesía hasta el 42.

Sin embargo, cuando sale de su ocultación, ha de aceptar por obligación al nuevo régimen, se inicia con poemas religiosos para congraciarse con el nuevo poder local franquista y eclesiástico, y escribe poesía religiosa "Se fue empeñando" [A Cristo], "Cristo Yacente", dedicado a Juan Bellod. También es una época de quebrantos y locuras de juventud, y escribe poemas de dolor y amargura interior donde encontramos al mejor Fenoll. Es "su época más fructífera desde el punto de vista poético –advierte Reig Sempere-, es un tiempo duro y cruel, el de sus frustraciones, su rebelión interior, sus remordimientos, el de sus fantasmas, el de su impotencia creadora. Sin olvidar el contexto de que nos encontramos en un tiempo de posguerra y represión franquista". No le cabía más que dos soluciones o adherirse al nuevo régimen o exiliarse. No quiere esta última opción pues no olvidemos que tiene mujer y tres hijos, y arraigos familiares. Gana el primer premio en Alicante con el madrigal "A la mujer alicantina", en el concurso convocado por la barraca "Bon Tabaquet" en 1942. En palabras de Molina "puede considerarse como la culminación de esta etapa intermedia, como la cima lírica de su juventud creadora".

Tercera etapa. De 1943 a 1947

De 1943 inicia un periodo donde escribe sus obras cumbres "Hora maldita". "Soledad" religiosa con doble sentido en el poema, "El canto encadenado" 1944, que como advierte Vicente Ramos "Por la íntima senda del hastío y de la pesadumbre el poeta contempla el oscurecimiento avasallador, incontenible de su propia vida. Parece huir la ternura... quiere marchar lejos, lejos, huir... Pero antes tenía que salvar unas cadenas, unos fatales brazos unos muros" (1978:97). Es decir, ha de romper las cadenas que le atan a una ciudad que no reconoce por los cambios habidos en el franquismo y decide marcharse a Barcelona, impulsado por la propia pértiga de su no convencimiento al nuevo régimen, a su conciencia a la que no quiere traicionar, a su pasado republicano y libertad moral y ética, decide abandonar la "polvorienta y vetusta Orihuela" en propias palabras escritas de Fenoll, para no volver más.

María Dolores García Selma analiza:

En "Canto encadenado" se profundiza en este sentimiento de derrota: el poeta se siente incomunicado con respecto al entorno, pero sobre todo dividido en su esencia misma. La fatalidad a la que a veces alude Fenoll ha cerrado su asedio y el silencio es un hecho consumado. "Canto encadenado" analiza la razón por la que el destino del poeta es más trágico que el del hombre Fenoll: a la carne en el mundo le queda el amor para sobrevivir, y en su despedida la fe y la esperanza, pero el poeta observa en el pasado, en el presente y para siempre el vacío y el olvido. (2000:97)

Es una época de escasa creación, con publicaciones religiosas cediendo a la insistencia de sus amigos oriolanos que le consideraban imprescindibles para la revistas de *Semana Santa*, le envía "Vale la pena Dios mío", "Presencia de Jesucristo en la primavera" publicado en 1946 y 1949, soneto que volverá a publicar en 1954 bajo el título de "Cristo en la Primavera". Pues si indolencia y falta de ganas en escribir nuevas creaciones, le obligaban a publicar varias veces el mismo soneto o poemas.

Y algunos poemas encubiertos en su epistolario, donde encontramos una voz personal.

Cuarta etapa. De 1948 a 1968

Nos encontramos con un poeta que se ha liberado ya de sus cadenas, se encuentra libre de su Orihuela natal y de aquel ambiente de posguerra, aunque no de sus recuerdos, porque los recuerdos van unidos al alma y a la persona. Se ha burlado de la estrecha vigilancia del poder franquista que gobierna la ciudad del Oriol. Y sus colaboraciones se ralentizan y sólo atiende a los amigos que le piden para publicar en revista *Semana Santa, Juventud Mariana, Ifach, Verbo*. Escribe a petición reiterada de amigos como Molina y Ramos. Cuando le piden poemas religiosos vuelve a repetir poemas como "Evocación", ya publicado en 1942.

Cambia la poesía por la prosa. En 1961 escribe a Joaquín Ezcurra" "Ahora vivo ya sin pasión, bastante resignado con mi destino: hacer pan cada día y versos de vez en cuando, muy raramente por puro pasatiempo..." Entre el 68 hasta su muerte en el 72 escribe algunos poemas en prosa en medio del epistolario a su amigo José Sánchez "Ay, morirse uno así, por las buenas". Lo que desea es que le olviden, que le dejen tranquilo. Debió sentirse desplazado y mínimo puesto que todos los periodistas e investigadores que se acercaban a él, no era para preguntarle por sus poemas o vida de escritor, sino por el mediático amigo de juventud Miguel Hernández "asesinado" en una cárcel franquista con gran repercusión mediática en Francia y América tras su muerte, por su reconocimiento de ser un personaje en la II República.

Escribió hasta un mes antes de morir.

ANEXO I

Sobre el mito de la correspondencia de Miguel Hernández a Carlos Fenoll

Damos por sentado que nos encontramos ante un poeta desconocido que no se sustenta por si solo sin el andamiaje mediático del autor de *El rayo que no cesa*. Sin embargo, por desconocido no es un poeta menor. Fenoll es un caso insólito, pues siendo cita obligada en las biografías hernandianas, no aparece en las bibliografías, cuando en realidad fue el mejor biógrafo posible, de haberse conservado la correspondencia cruzada y haber escrito algún libro. Carlos renunció a ser su biógrafo en los años juveniles. Que quizás, con el soporte de una buena editorial le hubiera reportado cuantiosos beneficios; y, en cambio, se dejó llevar por la sombra vencida al ver tenebrosa la vida, excusándose en que no quería recordar el pasado, suplicaba que, por favor, no le hablaran más de Miguel. Por la lógica de los sentimientos, pensamos que, si una persona quiere olvidar los fantasmas del pasado es debido a que no le fueron gratos, y uno de estas neuronas encendidas fue el recuerdo de Miguel. ¿Por qué?

Prácticamente todos los biógrafos desde Pérez Álvarez, Antonio García-Molina, Manuel Molina, José Guillén, Muñoz Garrigós, Joaquín Ezcurra, Vicente Ramos, Martínez Marín, Moreiro, Eutimio Martín, García Selma... coinciden en afirmar que quemó, como ya hemos comentado, en el horno de la tahona, una supuesta maleta llena de cartas y originales de poemas para la revista *Silbo*, de la que era director; más ejemplares de la revista no vendidos que también se convirtieron en pavesas como cometas. Jamás en la historia se han comido panes más poéticos, más hernandianos y más feroces del fuego.

Mucho se ha especulado —sin pruebas documentales- sobre la desaparecida correspondencia de M.H. en su poder y los originales de otros poetas que le mandó Miguel desde Madrid para publicar en el número tres y posibles sucesivos de la misma revista. No obstante, salvó ocho sonetos y varias cartas, la de ¿mayo-junio? de 1936 *O.C.* 2404 y la de 12 de junio de 1936 *O.C.* 2423, y que Molina publicó en el libro *Canto encadenado*, Instituto de Estudios Alicantinos, nº 35, 1978, p.12, Molina escribe:

Del aprecio y afecto de Miguel Hernández por el panadero hay innumerables pruebas, muchas de ellas publicadas en libros y revistas interesadas en la vida del genio oriolano, otras se perdieron en el fuego, en la hoguera que de sus papeles íntimos hizo Carlos Fenoll, intentando purificar su pasado, y algunas pocas pasaron al archivo de sus amigos más próximos.

Entre estos amigos más íntimos estaba el propio Molina que recibió dos cartas y ocho sonetos de MH.

En carta a Vicente Ramos, tras recibir Carlos el libro *Seis poemas inéditos*, le hace una confesión que confirma la "negligencia" en la custodia del legado:

Me alegra -nos dice el 28 de agosto 1951- poder guardar ahora estas cosas de Miguel, que he tenido tantas veces y otras tantas las he perdido por mi incurable dejadez (...) Algo terrible, que yo, menos que nadie, me perdono.

No sabemos la fecha de la inclemente incineración pero por el poema "Hora maldita" de 1943, pudiera ser cierto. Las causas pudieron ser, entre otras, el temor a conservar documentos que le pudieran llevar a la cárcel o fusilamiento, si un registro de falangistas llegara a su casa. En la posguerra MH era un amigo peligroso, no obstante, aparece en el homenaje del "ciprés máximo" el domingo 26 abril del 42 junto a otros amigos y hernandianos, ya nombrados anteriormente. ¿O que le remordía la conciencia ante actuaciones y omisiones no reveladas?, aunque latentes y enmascaradas en olvidos voluntarios y lapsus *memoriae* o amnesia espontánea.

Por lo que hemos visto y estudiado existió un periodo de empatía entre Carlos y Miguel Hernández desde los años 1928 a julio 1936, donde las cartas —según el epistolario, fluyen-; a partir de esta fecha ya no hay cartas ni alusiones a Carlos en el epistolario a Josefina Manresa -excepto la carta a la familia Fenoll del 3 de mayo de 1939. Quizás debido a desacuerdos entre ellos por el último número de *Silbo*, la separación física por inicio de la guerra o peticiones de favores no correspondidos.

Lo que no disponemos son de la cartas de Carlos a Miguel, que deben encontrarse, hoy, en el Archivo de Miguel en cajas fuerte de algún banco de Elche, después de haber salido del Centro de Estudios de Investigación MH de Elche por desacuerdos entre los herederos y la nueva corporación municipal del PP.

Veamos las cartas que poseemos con referencias o dirigidas a Carlos Fenoll, que obran en las *Obras Completas* RBA Tomo II, impresas en las páginas: 2291, 2293, 2294, 2297, 2367, 2389, 2404, 2423, 2545.

1.- Cartas a Ramón Sijé donde se hace referencia a Carlos

Cuando MH decide iniciar su primer viaje a Madrid, Carlos colaboró con algunas pesetas de su bolsillo e incluso le acompañó a la despedida en la estación de Orihuela el 30 de noviembre del 31 junto a Ramón Sijé. Las primeras cartas de MH están dirigidas a Ramón Sijé -verdadero corresponsal de esta época- no a Carlos. Con recaditos y recuerdos o alusiones a Fenoll, son cuatro las referencias que tenemos:

A).- Primer carta desde Madrid de 11 de enero de 1932, le escribe a Sije:

"A Fenoll, que no se aparte de mí" (*O.C.* II, 2291)

B).-Segunda también desde Madrid a Sijé de 6 de marzo del 32. (*O.C.* p.2293)

"Dile a Fenoll que cante y cante y cante... la teneseora" y que te amé mucho"

C).- Tercera la carta desde Madrid a Sijé de 17 de marzo del 32. (*O.C.* p.2294)

(Que lea esto Fenoll)

"Carlos: ¿Te acuerdas de la niña aquella que vi la última tarde de mi estancia en Orihuela? Pienso en ella a todas horas. No te rías. Aunque te parezca absurdo estoy como tú... Haz el favor de darle (lo más discretamente que puedas y a solas si es posible) ese sobrecito.
Decidme si hay procesiones. Aquí ni se notará que es Semana de Pasión. Ved a mi madre y preguntadle por qué no recibo carta suya. Saludad a todos los amigos. Abrazos".

D).- En carta a Sijé desde Madrid 5 de mayo de 1932 (O.C. 2297)

"Esta mañana he recibido carta de (¿Fenoll? ¿Poveda?)... y en cuyo exterior me manda un bonito romance... más parece un madrigal. La escribiré un día de (éstos, puede que) tal vez mañana.

2.- Cartas dirigidas a Carlos Fenoll

Tras la muerte de Ramón Sijé en la Navidad de 1935, Miguel tiene mucho interés en publicar el ensayo sobre el romanticismo de Sijé, y escribe a Juan Guerrero Ruiz, a los padres de Sijé, a José Ballester de *La Verdad* de Murcia, lo intenta con Manuel Altolaguirre, con José Bergamín, sin éxito. Escribe a Manuel Manresa Pamies –padre de Josefina Manresa– para reiniciar su relación de noviazgo epistolar con Josefina Manresa, y además con Fenoll, al que le escribe directamente para sus intereses:

A).- La primera desde Madrid es una larga carta, siempre interesado, es de febrero de 1936 (*o.C.* 2367-2370).

Se inicia con una excusa:

"Nuevamente ocupada la tinta. Asuntos de imprenta y de mil demonios me han tenido la mano sujeta para no poder escribirte. Recién editado mi libro *El rayo que no cesa* [salió el 24 de enero de 1936 en la editorial Héroes], en cuanto me den ejemplares estará entre vosotros"...

La carta ocupa tres páginas, el resumen gravita en que necesita buscar un apoyo financiero y también de recadero. Le habla sobre la edición de su libro *El rayo que no cesa*, le anuncia que vendrá con libros para poder venderlos todos y poder pagar a Manuel Altolaguirre. No dudamos que Fenoll le comprara un ejemplar y que se lo dedicara. Además le dice que ha hablado con José Bergamín para publicar el ensayo de Sijé, se trata de *La decadencia de la flauta y el reinado de los fantasmas*, que había recogido en el Ministerio de Instrucción Pública. Rechazado por Altolaguirre con la excusa de no tener linotipia para una edición unas 300 páginas. La verdad es que el original de Sijé es complejo y árido de leer, texto que necesitó de una poda y un índice. (Ensayo *Simbología secreta de "La decadencia de la flauta y el reinado de los fantasmas", de Ramón Sijé*, Ramón Fernández Palmeral, Ediciones Palmeral, Alicante, 2005)

Le dice que ha recibido un poema muy raro de Poveda "La choza del ringorrango..." Le anuncia una segunda Elegía a Sijé dirigida a la novia y hermana Josefina. También le comenta que ha recibido una carta de Justino con unos trabajos. Le dice esa repetida frase de "Tú haces lo mejor cantando hacia dentro de cuando en cuando y no hacia fuera. Pierde la mitad del verso que se diga y gana doble el que se queda en la garganta".

Le manda saludos para todos los amigos del barrio: Rosendo, el Mella, Gavira, el Habichuela, Tafalla, José María, el Moya... [...] "Di a Poveda [Jesús] que ese deseo suyo que le acomete a destiempo es tonto. Vale más hacer un pan que un periódico", puede ser el preludio de *Silbo*. Le dice que no escribe a su primo [Antonio Gilabert Aguilar] ni a Molina [Podría ser Antonio García-Molina o Manuel Molina Rodríguez], saludos a

Bascuñana [José Murcia Bascuñana]... a tu madre [Monserrate], a Efrén, Josefina [Fenoll], a Carmen [hermana de Carlos]...

Es decir, se aprecia en esta carta un deseo de emprender una relación epistolar.

B).-La segunda desde Puertollano de marzo del 36 (*O.C.* 2389), es una tarjeta postal, la escribe desde Puertollano, donde está en una de las Misiones Pedagógicas por la Mancha y Andalucía. Donde le dice que vendrá por Pascua, se está refiriendo a la Pascua de Resurrección, Semana Santa. La Josefina que nombra en esta carta "Di a Josefina que no se acongoje por mi llegada", se refiere a Josefina Fenoll.

136

C.- La tercera aunque aparece con fecha de mayo de 1936 (*O.C.* pp.2404-2405), está comenzada en una fecha y terminada semanas después, posiblemente a primeros de junio, en la que le habla de que ha recibido el libro de *Poemas*, 1936. Le comenta que ha recogido 50 ejemplares de la revista *Silbo*. Se sorprende que saliera un segundo número. Se dirige a Carlos con "Señor director de *Silbo*". Lo cual indica el interés por la amistad para fiscalizar en la revista. Le manda un recado a Poveda para que no imite el estilo de Pablo Neruda y haga sus propios sonetos, con su propia voz. Ha recibido de Ramón Pérez Álvarez un prospecto del Teatro Circo. Le dice que le manda dos poemas, uno es un soneto de un poeta sevillano que empieza amigo suyo. Y el otro es de un amigo de Aleixandre, que tenía interés en que se publique. No dio el nombre suponemos que podría tratarse del poeta antequerano José Antonio Muñoz Rojas (1909-2009).

D.-La cuarta carta está fechada el 12 de junio 1936 (*O.C.* 2423). Se inicia con cierta frescura: "El tiempo que no es oro para mí, sino cosas más amargas que el metal, me hace escribirte a máquina estas cartas por la prisa que me da para muchas cosas..."   Responde a una carta de Carlos, -cuyo original no sabemos dónde se encuentra actualmente- en la que le dice MH que se la ha leído a Aleixandre, antes de irse para Miraflores de la Sierra... Le comenta su deseo de que Aleixandre vaya a Orihuela, a Neruda también se lo ha propuesto y no sabe si irá alguna vez. Aleixandre piensa escribirle a Fenoll y a Ramón Pérez Álvarez, y que ellos dos le escriban porque está enfermo (le falta un riñón) y muy solo. Le enuncia una buena nueva: "Se habla mucho del movimiento *Silbo*. Desde ahí parece que nadie se entera de nada, pero los mejores hombres de letras de Madrid se interesan más de lo que uno se cree". El 11 de junio se organizó una despedida en casa de Aleixandre calle Velintonia nº 3, donde acudieron Neruda, Altolaguirre Concha Méndez, y el pintor Rodríguez Luna y yo. Le comenta que tiene escrito dos actos de *El labrador de más aire*, cuando vaya a Orihuela les leerá todo lo que tiene. Le aconseja a Carlos que no se precipite en sacar el tercer número, que cuando él llegue a Orihuela sacan juntos el tercer número, "Quiero -en tono imperativo- que vaya en primera página Vicente Aleixandre". Le dice que tiene en la *Revista de Occidente* la Elegía a Garcilaso de la Vega y "Sino sangriento". Por esta carta sabemos que el 13 de junio recitó en Unión Radio de Madrid. Una vez más pide dinero para ir a Orihuela, "por eso lo he enviado a la revista" se ha a entender que los ha tomado a cuenta de lo que había cobrado de la venta de algunos ejemplares de la revista. De ser cierto debió enfadar a Carlos y al Grupo, lo que suponemos es que *Silbo,* como cualquier revista poética de aquella o de esta época, debía ser una ruina económica. Para contentarle le manda una foto del torero Lagartijo, sabedor de su afición taurina. Piensa escribir a Ramón Pérez Álvarez pero renuncia por el agotamiento de un día ajetreado.

E).- La quinta y última carta enviada desde la cárcel de Torrijos de Madrid, de fecha 31 de mayo de 1939 (*O.C.* 2545), pero dirigida a la familia Fenoll como hermanos y primos, puesto que los presos no podían escribirle a los amigos, sólo a la familia. Por puras ansias de libertad necesita que los amigos le escriban, les dice "Josefina escríbeme y dime de Poveda (Jesús) [...] Escribidme Carlos, Ascensión y decidme muchas cosas para sentirme más acompañado aquí. Habladme de vuestros hijos, del horno, Efrén: de Orihuela, de Justino, del río ese que nos sigue arrollando desde lejos".

No tenemos constancia, hoy por hoy, si esas esperadas cartas de la familia Fenoll llegaron o no a manos de Miguel. Lo cierto es que, en el epistolario de *Obras Completas,* no aparecen más referencias a la familia Fenoll.

A partir de esta fecha no tenemos cartas de MH, bien porque se han perdido o por qué no se escribieron por diferentes razones, que si no apuntadas sí latentes.

3.-En septiembre del 39 Carlos estaba escondido en su casa

Cuando ponen a MH en libertad de forma inesperada en la cárcel de Torrijos el 15 de septiembre del 39, bien por un error burocrático entre la jurisdicción civil y militar, o bien por una Orden de Franco que instaba a poner en libertad a todos los presos que todavía no hubiesen sido juzgados, como fue el caso revelado del humorista Miguel Gila, se viene a Cox. Otras versiones oficiosas apuntan que ante la imposibilidad del régimen franquista de alimentar a cientos de miles de presos republicanos tuvieron que excarcelarlos, pues se les morían de hambre. Transcribo unos datos biográficos de dudosa verosimilitud, cómo Manuel Molina y Carlos visitan a MH en Cox:

Nuestro último encuentro fue al principio del otoño del año 1939. Mi hermana mayor me dijo que Miguel había estado en mi casa preguntando por mí y que tenía prisa por llegar a Cox, donde estaban su mujer y su hijo. Al día siguiente, a primera hora, salí para Orihuela, donde comuniqué a Carlos Fenoll la noticia. Nos pusimos de acuerdo y partimos al mediodía para Cox. Cuando llegamos, Miguel dormía, la siesta. Después de los abrazos de rigor, de unas ensaladas y unos vinos, le preguntamos a Miguel qué era lo que pensaba hacer. Nos dijo que había estado más de cuatro meses en una cárcel de Madrid y que había salido libre y sin ninguna denuncia, que ahora pensaba dedicarse a trabajar la tierra. "Por lo pronto—nos dijo—, mañana voy a Orihuela a ver a mis padres de la calle de Arriba y a los de la calle Mayor" (*Miguel Hernández y sus amigos de Orihuela*,1969:72-73)

En una conversación coloquial es innecesario decir que voy a visitar a mis padres de la calle de Arriba y luego a los de la calle

139

Mayor, con decir voy a visitar a mis padres y a los de Sijé ya es comprensible. Como ya he comentado desde el golpe de Casado, marzo del 39, el miliciano Carlos Fenoll, que había servido en el frente republicano, regresó a Orihuela estuvo escondido en su casa sin poder dar señales de vida, pues de lo contrario sería detenido y enviado a la cárcel o a los campos de concentración hasta depurar sus responsabilidades ante los franquistas.

La mañana del 28 de septiembre, Miguel, que nunca dejó de ser un ingenuo y se creía inmune porque no tenía delitos de sangre, sino como agente de propaganda y periodista, fue desde Cox a Orihuela a visitar a sus padres y a los padres de los Sijé en la calle Mayor 27; al terminar esta visita, por la tarde, sale con Justino Marín y en la puerta de Eusebio Escolano, diputado de la CEDA, es insultado por José María Martínez, *el Patagorda*, oficial del Juzgado Municipal, que se la tenía jurada y llevaba tiempo buscándole, y había estado en Cox con tal motivo, éste le denunció al inspector de la Guardia Municipal Manuel Morell Rogel, que fue quien le detuvo y lo llevó a Comisaría. Justino le acompañó y se quedó esperándole en la puertas pero ya Miguel no salió más, sino que le llevaron al Juzgado Militar nº 2 ante el alférez Lucas Girona (podría tratarse de Francisco Lucas Girona, luego alcalde de Orihuela desde 11 de marzo de 1943), desde aquí a la Prisión Central (Edificio del Seminario Diocesano de San Miguel), en el seminario que había sido convertido en Campo de Trabajo por los republicanos desde junio de 1937, desde que expropiaron todos los edificios religiosos oriolanos, que ejercían funciones de diferentes usos y alojamientos de refugiados, cuarteles de tropas y Academias de Oficiales de Carabineros ("Orihuela y la Guerra Civil", hermanos Agustín y Ricardo Castaño Martínez, 2011)

Durante los dos meses de detención en el sótano del seminario, Miguel escribió según consta el Tomo II de las *Obras Completas*, siete cartas a Josefina, dos a José María de Cossío y una a los padres de Ramón Sijé, sin fechar, posiblemente en la primera semana de octubre del 39 (pero con la dirección de calle Arriba 73). En la que increpa a Justino de su poco ánimo y estado enfermizo que sigue bajo la falta de sus padres, y que parece ser le dejó solo en la puerta de la Comisaría:

Justino: No creo [que] estés esperándome a la puerta de la Comisaria todavía. Dime cómo se desenvuelve tu juventud, expuesta a muchos peligros y devaneos, a muchas frivolidades que luego pueden acarrear consecuencias graves. Mírate en mi espejo, y no quieras que te suceda nunca cosa parecida. ¿Escribes?, ¿tienes novia? Estás excesivamente animado de calor materno. Siempre te lo he dicho. Tu salud y tu reposo serán sabrosos y mejores el día que empieces a decidirte a vivir más independientemente del cariño paterno y fraterno, sin que quiera decirte que los menoscabes y los abandones.

Marilola, ¿cómo te va? Seguramente mejor que toda la familia, y eso es bueno. Muchos abrazos y recuerdos para todos y hasta pronto o hasta tarde. ("Últimas cartas inéditas de Miguel Hernández". Aitor L. Larrabide, Letras de Deusto, nº 86, enero-marzo2000).

(Según Aitor, se trata de una fotocopia del original pues éste se perdió hace tiempo. Es una cuartilla escrita por las dos caras, de difícil lectura).

Como suponemos, que los Fenoll no respondieron a las cartas de Miguel de 31 de mayo del 39 desde su primera detención en Torrijos. La relación se ha roto, y por ello no es lógico que exista un encuentro en Orihuela entre MH y Carlos o con Efrén durante la segunda quincena de septiembre de este mismo año. Como hemos repetido varias veces Carlos está oculto como topo de guerra.

Durante sus dos meses de cautiverio en los sótanos del seminario nadie, ni padres, ni amigos, le visitan, sí acude varias veces su esposa con Manolillo, a llevarle ropa o comidas (sobre todo huevos). Su hermano Vicente pidió una vez permiso para visitarlo pero no se lo dieron. Había que sacar un permiso de visitas. La única destinataria de las cartas será Josefina Manresa, son cartas agónicas y desesperadas, pregunta por los amigos pero sin especificar nombres:

...y dime si hay noticias de alguien de los que esperaba contestación... Con que venga un día mi padre basta [no fue que sepamos]. (*O.C.* 2571)

En otra carta de octubre del 39 desde el seminario a Josefina, le pregunta si alguno de los amigos a los que ha escrito le ha contestado:
Quiero saber si algún amigo ha tenido la ocurrencia de contestar a mis cartas y a mi petición... (*O.C.* 2571.)

En otra carta de octubre:
...Voy a tener que escribir otra vez para que nuestros amigos se acuerden una vez más de nosotros. No me gusta pedir, me agrada y me alegra dar. (*O.C.* 2572)

Otra carta de octubre:
No me has mandado ni una nota tuya ni esas cartas de los amigos... Mira que me hacen falta noticias vuestras con que matar el tiempo, aquí más largo que en ninguna otra parte....(*O.C.*, 2573)

El poeta encarcelado no nombra ni a Justino, ni a Bascuñana, ni al primo, ni a Carlos, ni a Manuel Molina, ni a Josefina Fenoll, ni a Poveda éstos ya estaban en el exilio. No fue posible la ayuda humanitaria de los amigos. Es posible que estos amigos reclamados en cartas fueran otros: José María de Cossío o Vicente Aleixandre o Germán Vergara en Madrid.

Otra carta de octubre:
Nada. No aparecen por aquí esas cartas que te he pedido. ¿Qué pasa? Tú no sabes el tiempo que tengo para aburrirme aquí. (*O.C.* 2575)...

Estuvo más de dos meses en el seminario-prisión y no hay testimonios de que aparecieran por allí cartas ni sus amigos de Orihuela. Por ello, Miguel ni le nombra ni le nombrará desde entontes. La última carta dirigida directamente a Carlos es la ya mencionada del 12 de junio de 1936 (*O.C.* 2423).

Además de a Josefina, escribió a Cossío, seguramente a Germán Vergara, a Vicente Aleixandre a y a todos sus amigos de Orihuela: Justino Marín se lleva sus ironías. Quizás también escribió a Bellod, a Bascuñana, a Lizón. Durante sus años en las cárceles: Torrijos 65, Conde de Toreno, Palencia y penal de Ocaña nunca tuvo visitas de los padres ni de su mujer. Ya en Alicante recibió las visitas casi diarias de su mujer y de su hermana Elvira, casada con Francisco Moreno Soriano, empleado de banca, nunca de sus padres. Su hermano Vicente estuvo tres veces. En el mes de marzo de 1942 fue a verle don Luis Almarcha, acompañado del director del Reformatorio, de Gabriel Sijé, Antonio Fantucci y Alfonso Ortuño para darle "consuelo espiritual", cuando lo que necesitaba Miguel era un sanatorio para tuberculosos.

Cuando murió Miguel, al día siguiente los amigos Eladio Belda, Mariano Cremades y Justino Marín fueron a ver al padre para darle el pésame, dijo en la puerta de su casa "Él se lo ha buscado". No tenemos constancia de que ningún Fenoll fuera a darle el pésame. Tampoco se conoce ninguna elegía de Carlos "publicada" dedicada a MH. Sí estuvo en el homenaje en el ciprés máximo de 29 de abril del 42. Existe una fotografía –sin fechar- de Carlos con el padre de Miguel realizada por Antonio García-Molina Martínez, en el huerto de la higuera.   Es decir, hoy en día no se conocen ni las causas, ni los motivos, ni la fecha del quebrantamiento de esta amistad, que en este trabajo hemos tratado simplemente de exponer sin aventurarnos en conclusiones.

Fotocomposición de una posible foto de Miguel y Carlos juntos en un campo de Orihuela.

ANEXO II

EL PAN Y LA PALABRA

En una carta del poeta-pastor al poeta-panadero le dijo "Vale más hacer un pan que un periódico", elogió su "remo de navegante en pan" y en otras ocasiones que su poesía estaba en su corazón, existe una interrelación vectorial entre el panadero y la poesía, entre el pan y la palabra como algo más que un sonido con mensajes sino el eco de nuestra conciencia y la victoria de un sueño cuando alcanza el pedestal de la escritura.

Tras leer casi todas las bibliografías existentes de Carlos Fenoll que no son muy abundantes, sobre la renuncia a escribir tras la partida a Barcelona en agosto del 47, estamos con la profesora García Selma en que lo hace por cuestiones económicas y no por sentimentalismo nostálgico como algunos biógrafos le han atribuido de disgusto íntimo, malos recuerdos, por la muerte de sus amigos Ramón Sijé y Miguel Hernández. Aventurando remordimientos o culpas de algo inconfesable. Porque creemos que estas especulaciones son más románticas que ciertas y dan más juego, y tenidas por superfluas. Todos lamentamos la muerte de los amigos, y es el tiempo el encargado de limar el vivo dolor de los momentos del óbito, pero el tiempo que es tiniebla de olvidos, amortigua ese dolor, siempre temporal.

Estas hipótesis son ganas de no profundizar en las razones racionales, prácticas y no menos ciertas de su desgana, desazón o falta de concentración a la hora de escribir poemas o el no haber escrito unos recuerdos juveniles en relación con el poeta-pastor, aunque en ocasiones escribió su aventura en Elche con el premio a Miguel del Orfeón Ilicitano, y la venta del premio: una escribanía de plata.

Sus "amigos paisanos" insistían una y otra vez en sacarle partido a sus memorias, le estuvieron proponiendo, e incluso, con asedio epistolar para que las escribiera. Tampoco quiso acceder a la propuesta de su hermano Efrén y Francisco Martínez Marín a editar sus escritos hasta 1949, "se alegró del gesto pero rechazó el ofrecimiento", ni a publicar en la revista *Oleza* de Joaquín Ezcurra. La razón: "...Mis versos escritos hasta la fecha, mejor dicho, impresos, son malos recuerdos para mí: hijos son del desaliento y la impotencia" (Carta a Manuel Molina de 17-12-46).

Los cincuenta fueron tiempos difíciles, lejos de su patria chica, ganaba poco y tenía que mantener a una mujer y cuatro hijos –el cuarto nacido en Barcelona-, incluso durante un tiempo estuvo haciendo horas extras en una editorial como corrector de pruebas, excepto algunos años en el que cuenta que estaba acabando una obra de teatro que pretendía presentar al concurso "Calderón de la Barca". Y una novela para un concurso convocado por la editorial Janés.

Se le ha adjudicado, sin prueba, de sufrir depresiones nerviosas, y de una actitud pesimista ante la vida, la costumbre de quejarse, consecuencia de sus altibajos y sus silencios, y por qué no, sus complejos de no haber tenido estudios superiores. Lo que sí es evidente es que el ser su oficio panadero, durante toda su vida, por el poco dormir, y el poco descansar mermaron su salud, y el ánimo merma como el de todo emigrante, en tierras extrañas, y se debilitan sus defensas por la falta del contacto telúrico, aunque no le falta el de su mujer, hijos y nietos. Pero también nostalgia, una tremenda melancolía de su tierra, porque Carlos era una persona buena y sensible, incapaz de hacerle daño a nadie; en carta a Jesús Poveda del 31 de octubre del 53, escribe:

Pero ya lo sé: la nostalgia es como el instinto: obedece irracionalmente, por encima de todo, a misteriosas llamadas. Si la tierra llama al corazón de su hijo, éste responde desde lejos, desde tan lejos que le es imposible acudir: La tierra y nada más. Y su acento estremece. Deseo como para mí y mi mujer y mis hijos la salud y la dicha vuestra y de vuestros hijos. Poderos estrechar a todos junto a mi corazón sería maravilloso; pero si esto ha de ser siempre imposible, por lo menos nunca dejará de desearlo vuestro hermano - Carlos".

La cuestión es que Fenoll tuvo que tomar partido entre el pan y la palabra, y se decidió por el pan, lo más razonable y rentable. En los últimos veinte años no tenía ambiciones de gloria literaria ni la de ser evocado como un gran poeta, sino la de pasar desapercibido.

No tenía ganas de escribir, pero sus amigos que le consideran una firma importante, insistían, y le pedían trabajos para programas de festejos, revistas de Semana Santa, prólogos y todo cuanto podían sacarle, sin conocer si en esos momentos su estado de ánimo era bajo o eufórico.

Creo que María Dolores García Selma acierta en el análisis siguiente:

Hay razones más realistas para justificar la marcha de Fenoll a Barcelona. Y ponerlas de relieve sería beneficioso para la figura de este poeta-panadero, llamado así para establecer un paralelismo con la denominación poeta-pastor tantas veces aplicada a Hernández. Pero es que precisamente la historia que hasta ahora se ha escrito sobre él parte en exceso de la analogía. Miguel y Carlos fueron amigos durante un periodo muy interesante de la vida de ambos, pero no es riguroso ni justo reducir a Carlos Fenoll a ser eternamente parte del "mito Miguel". Cuestión diferente será determinar la importancia real de su obra.

Así pues, Carlos Fenoll no huye de nada cuando se va de Orihuela. Él mismo escribiría a Poveda, años después, sobre las verdaderas causas de esta partida: arruinado su negocio familiar, busca en Barcelona un porvenir mejor para su numerosa familia, y también un ambiente cultural que le permitiera reanudar su labor poética, interrumpida tras la muerte o la ausencia de los amigos con quienes había compartido la ilusión de escribir. Eran tiempos difíciles para todos, para el pan y para las palabras".

(*Carlos Fenoll: vida y obra*, María Dolores, García Selma, 2000, p. 27)

Su negativa a volver a los versos es constante como podemos apreciar en su epistolario. Más que desgana, falta de concentración y exceso de trabajo de panadero. No es comprensible que después de una noche sin dormir al día siguiente tengas ganas de escribir versos.

Escribe Manuel Molina en el "Propósito o Introducción de su libro *"Miguel Hernández y sus amigos de Orihuela"*, 1969, p.10. Donde dice a la ligera que Carlos decidió callar:

Nadie como Carlos Fenoll, el otro gran poeta de su pueblo y de su tiempo, pudiera haber realizado esta obra; pero él ha decidido callar y hace muchos años que en rigor ha dejado de escribir. Entonces, yo, el benjamín del grupo familiar —como el mismo Carlos me llama—, después de pensarlo mucho, por miedo a torcidas interpretaciones, me lanzo a la aventura de describir aquel pequeño mundo donde se inició uno de los más grandes hombres de la historia literaria de todos los tiempos. Este retablo pretende ser una copia fiel de lo vivido y visto por mí durante aquella época.

En otra carta a Manolo Molina, escribe:

"Te dije que había empezado a escribir con el propósito de reunir un número suficiente de poemas para un libro: propósito de humo. Nada de poesía por ahora. El cerco de las necesidades materiales se estrecha cada día más y estoy decidido a "impurificarme". Voy a escribir guiones para un dibujante de historietas infantiles, propaganda comercial, canciones folklóricas, novelitas rosa; en resumen, sobre todo y cada cosa que se transforme rápidamente en dinero. Que Dios me perdone este horrendo pecado de mi espíritu, pero Él ya sabe que mis hijos no almuerzan sonetos ni rompen octavas reales en lugar de zapatos.»
(Barcelona, 19 de octubre de 1951)

Otra carta a Molina:

... huyo ahora como un condenado de caer en el hoyo del silencio sin fin, donde germina la flor de la locura o se saborea la raíz de la muerte. Es cierto, Manolo: la alegría de la creación es capaz, por sí sola, de levantar a un muerto. Así lo siento en mí, y aprovecharé, desde luego, este renacimiento de ánimo, esta inicial alegría creadora, para culminar la etapa definitiva de mi obra poética, que está toda por hacer. Ahora o nunca. Este es mi dilema.»

(Barcelona, 28 de marzo de 1952)

En otra Carta a Molina:

«... y quiero, sí, quiero andar, reanudar la marcha interrumpida por tantos negativos complejos; porque con toda claridad veo ahora que no podemos traicionar nuestro destino impunemente, que mi desequilibrio moral y mi angustia permanente parten fundamentalmente del error de querer eludirlo. Quiero salvarme, librarme de esta garra que extenúa mi espíritu...»

(Barcelona, 20 de septiembre de 1953)

En Carta a Francisco Martínez Marín

Querido amigo Martínez Marín: Siento —hasta el extremo de constituir para mí una desazón moral— no poder, a veces, cumplir lo que prometo dentro de unos límites de tiempo prudencial, pero mi sola lucha por la vida de seis —cuatro hijos, mi mujer y yo— me justifican íntimamente y quisiera fuera para ti la justificación de mi tardanza en mandar un trabajito para mí ya sinceramente querida «Juventud Mariana». Cada día, en efecto, por la fuerza y el apremio de las circunstancias materiales, se aleja de mí más la posibilidad de escribir, y, en proporción a esta imposibilidad, crece mi deseo de hacerlo y me hace sufrir más el no hallar un pequeño tesoro de horas libres de momentos propicios.

(Barcelona, 9 de Marzo de 1951)

En carta a José Sánchez Hernández

Me dices que hace mucho tiempo que no sabes de mí, y me supongo que te refieres tanto a mi yo exterior como interior. Pues bien: el yo físico sigue siendo un burro del trabajo, que rebuzna algunas veces de indignación porque el pienso es malo, escaso y caro, y otras veces porque se desespera de ver a sus burriquines con las herraduras colgando o sin ellas o a su burra sin la permanente porque aún faltan diez, doce, quince días para acabarse el mes, que es cuando nos dan el medio saco de cebada. Y el yo moral, como reflejo del yo físico, es un desmoralizado, un hundido, un acabado para todo lo que suponga ilusión de vivir. Y lo más asombroso es que de tal calamidad, digo de tal situación, uno se consuela pensando que alguien debe tener la culpa, como si este pensamiento fuese un bálsamo y no una estupidez, o bien eso, una estupidez balsámica, atontadora, adormecedora y, al fin, consoladora, españolísima.

Pepito: creo que de Orihuela lo que más deseo ver es a dos o tres amigos, tú incluido, y la cuesta del Oriolet; ir por San Antón y cruzar la montaña para ir a parar al Rabaloche. Todo aquello no afectado por reformas urbanas, donde yo me recuerde. La próxima Semana Santa quiero ir. Quisiera ir y no venir más a Barcelona. Es un impulso de mi sangre, un anhelo de ir —estoy cansado, cansado— para morir, sí, para quedarme para siempre en mi tierra.

(Barcelona, 9 de Noviembre de 1959)

Carta al Padre Alfredo Roig:

Por lo que respecta a la urgencia de reunir mis cosas en un libro, no es posible. Todo lo que he publicado no me sirve, no lo considero bueno, sin falsa modestia. Lo destruiría si pudiera. Y lo que ahora pretendo hacer, necesariamente lo he de hacer con

150

lentitud por varias circunstancias. Pretendo hacer. Y esto es de momento lo importante: querer. Quiero —por lo que me vienen muy bien sus palabras animadoras, que le agradezco mucho—, aunque sea a paso de tortuga, dar cima a mi dichoso libro, porque necesito descansar en él mi conciencia: mi Amo me dio una moneda —sensibilidad poética— y la guardé en la oscuridad mucho, mucho tiempo. No la perdí, pero no la multipliqué en beneficio de mi amo, mío ni el de nadie... Ya sabe la lección final de la parábola. Así, mi libro será como una rectificación de mi conducta.

(Barcelona, 13 de junio de 1968)

CONCLUSIONES.— No nos encontramos ante un poeta menor, sino ante un poeta de poca obra y apenas divulgada, por los difíciles años de guerra y posguerra. Cada vez que recibe cartas de sus amigos se alegra, pues le traen recuerdos de su tierra orcelitana, contesta a ellas largo y tendido, y en ellas cuenta sus sentimientos y sus emociones, lo cual es en realidad también un ejercicio de poesía, al modo en que escribiera Gabriel Miró: prosa poética.

Era un hombre que no sabe decir que no, una muy buena persona, no desea enfadar a nadie, por eso se comprometió, se dilataban sus decisiones para olvidarse los compromisos, casi inconscientemente evasivos. Al final remataba sus escritos con las quejas de costumbre: salud, económicas y de falta de tempo como una forma de defensa. No disponemos de muchas obras, pero tenemos sus cartas y un centenar de poemas, con los que hemos de conformarnos y disfrutar de ellos en este su centenario de un poeta que no quiso serlo. Un poeta olvidado al que hemos querido recordar y aportar una nueva y más amplia visión de su trayectoria vital y poética.

Gran parte de su correspondencia se encuentra en la página web del Legado de Miguel Hernández en la Diputación de Jaén. https://www.dipujaen.es/miguelhernandez

Bibliografía consultada sobre Carlos Fenoll

En colectivos

-*II Asamblea Comarcal de Escritores. Orihuela, 1972,* Alicante, Instituto de Estudios Alicantinos, 1974.

-*Miguel Hernández, cincuenta años después,* Alicante-Elche-Orihuela, Actas del I Congreso Internacional, 2 vols., 1993.

-*Presente y futuro de Miguel Hernández,* Orihuela-Madrid, Actas del II Congreso Internacional, 2004.

-*Miguel Hernández. La sombra vencida. 1910.2010.* Madrid, Ministerio de Cultura, Biblioteca Nacional, 2010, Tomo II.

-*La Orihuela de Miguel Hernández 1910-1942,* Orihuela, Fundación Cultural Miguel Hernández, 2011.

Por autores

-ALONSO, Cecilio. En "Introducción" de *Manuel Molina. Versos Escogidos,* Alicante, Instituto de   Estudios Juan Gil-Albert, 1992.

-AZUAR, Rafael. "Carlos Fenoll, amigo de Miguel Hernández", Murcia, diario LA VERDAD,   Edición de Alicante, 12 octubre 1975.

-BALCELLS, José María. "Miguel Hernández y Carlos Fenoll", Alicante, Instituto de Estudios Alicantinos, revista, n° 15, mayo-agosto 1975.

-*Miguel Hernández, corazón desmesurado,* Barcelona, Editorial Dirosa, 1975.

-BONET CORREA Juan Manuel. Reseña de Carlos Fenoll en su *Diccionario de las Vanguardias en* España *1907-1936,* Madrid, Alianza Editorial, 1995.

-CALVET BOTELLA Julio. *Ramón Sijé. Semblanza,* San Vicente del Raspeig (Alicante),   ECU,   2009.

-CANO BALLESTA, Juan. "Miguel Hernández y su irrupción como dramaturgo en el   ambiente laico de la II República", Rubí (Barcelona), ANTHROPOS, revista, n° 220,   2008, pp. 115-120.

-*La imagen de Miguel Hernández,* Madrid, Ediciones de la Torre, 2009, p. 46.

-CARCASÉS CORTÉS, José Manuel. *Miguel Hernández, periodista,* Valencia, Generalitat Valenciana, 2010, pp. 30-32.

-CASTAÑO MARTÍNEZ, Agustín y Ricardo. "Orihuela y la guerra civil", en *La Orihuela de Miguel Hernández 1910-1942,* Orihuela, Fundación Cultural Miguel Hernández, 2011,   pp. 47-62.

-COLOMINA RIQUELME, Antonio. *Orihuela en mis artículos,* San Vicente del Raspeig Alicante),   ECU, 2011.

– CONDE, Carmen. "Los adolescentes de Orihuela", Alicante, VERBO, revista,   octubre-noviembre 1946.

-COUFFON, Claude. *Orihuela y Miguel Hernández,* Buenos Aires, Losada, 1967.

-DÍE, Francisco de. *Miguel Hernández y yo,* Orihuela, Fundación Cultural Miguel Hernández, 2010.

-ESTEVE RAMÍREZ, Francisco. *Miguel Hernández: de la A a la Z. Diccionario temático hernandiano,* Madrid, editorial Fragua, *2010.*

-*El Madrid de Miguel Hernández*, Fragua, Madrid, 2012.

-EZCURRA ALONSO, Joaquín. "Ha muerto Carlos Fenoll", Alicante, diario INFORMACIÓN,   3 enero 1973.   -"Carlos Fenoll, poeta de la ausencia", Orihuela, OLEZA, revista, junio 1961.

-FERNÁNDEZ PALMERAL, Ramón. *Simbología secreta de "Perito en lunas",* Alicante, Edición Palmeral, 2005.

-*Monográfico hernandiano*, Alicante, Edición Palmeral, 2010.

-"La influencia estética de Gabriel Miró en Miguel Hernández", Venezuela, LETRALIA, n° 225, 2010. [Artículo no admitido para la revista CANELOBRE, n° 56, de Alicante].

-*Simbología secreta de la decadencia de la flauta y el reinado de los fantasmas, de Ramón Sijé,* Alicante, Editorial Palmeral, 2005

-FERRÁNDIZ CASARES, José. "Sobre una Antología de autores oriolanos", Alicante, diario   INFORMACIÓN, 19 diciembre 1975.

-FERRIS, José Luis. *Miguel Hernández. Pasiones, cárceles y muerte de un poeta,* Madrid, Ediciones Planeta Madrid, S.A., Temas de Hoy, 2010 (Edición actualizada y ampliada).

-"Miguel Hernández. Notas para una biografía" en *La Orihuela de Miguel Hernández 10-1942*, Orihuela, Fundación Cultural Miguel Hernández, 2011, p. 156.

-GALIANO PÉREZ, Antonio Luis. "Personajes oriolanos de una comedia humana terminada en tragedia" en *La Orihuela de Miguel Hernández 1910-1942,* Orihuela, Fundación Cultural Miguel Hernández, 2011, pp. 177-191.

GARCÍA SELMA, María Dolores. "La poesía de Carlos Fenoll", Alicante, Instituto de Estudios Alicantinos, revista, n° 39, mayo-agosto 1983, pp. 239-252.

-*Carlos Fenoll: Vida y obra,* Alicante, Instituto Alicantino de Cultura Juan Gil Albert, 2000.

153

-GELARDO NAVARRO, José. *Miguel Hernández y el flamenco,* Murcia, AGORA, revista, n° 13,   otoño 2007-invierno 2008, pp. 13-14.

   -Miguel Hernández y el Flamenco, Fundación Cultural Miguel Hernández de Orihuela,   Signatura. Ediciones, 2011.

-GUERRERO ZAMORA, Juan. *Proceso a Miguel Hernández. El Sumario 21.001,* Madrid, Editorial Dossat, 1990, pp. 69, 131, 175, 249.

-GUILLÉN, José. "La poesía en la Vega Baja del Segura", en *11 Asamblea Comarcal de Escritores. Orihuela, 1972,* Alicante, Instituto de Estudios Alicantinos, 1974, pp. 57-67.

-GUILLÉN, José y MUÑOZ GARRIGÓS, José. *Antología de escritores oriolanos,* Orihuela,   Ayuntamiento de   Orihuela, 1974.

-HERNÁNDEZ, Miguel. "Paisaje de Belén", Murcia, diario LA VERDAD, 7 diciembre 1933.

   -El hombre y su poesía, Selección, introducción y notas de Juan Cano Ballesta, Madrid,   Cátedra, 1974.

   -Obras Completas, Barcelona, RBA Coleccionables S. A., 3 vols., 2006.

- IFACH, María de Gracia. *Miguel Hernández, rayo que no cesa,* Barcelona, Plaza & Janés, 1975.

-LARRABIDE, Aitor L. "Últimas cartas inéditas de Miguel Hernández", Bilbao, LETRAS DE   DEUSTO, revista, vol. 30, n° 86, enero-marzo 2000, pp. 241-248.

   -Ramón Sijé. La claridad del aire, Orihuela, Fundación Cultural Miguel Hernández,   2006.

-LEONÍS RUIZ, Manuel-Roberto. "Acerca del poeta-panadero Carlos Fenoll", en revistas   ORIHUELADIGITAL y EL ECO HERNANDIANO.

-LILLO ROCHE, Hilarión. *Te espero en Orihuela, mi vida,* Valencia, Imprenta Rocher, 2002.

-LOZANO MARCO, Miguel Ángel. "Miguel Hernández en la Orihuela de los años treinta. Sobre   la prehistoria poética", Madrid, INSULA, revista, n° 544, abril 1992, pp. 2-3.

-MANRESA, Josefina. *Recuerdos de la viuda de Miguel Hernández,* Madrid, Ediciones de la Torre,   1980, pp. 45-62.

MARTÍN, Eutimio. *El oficio de poeta. Miguel Hernández,* Madrid, Aguilar-Santillana Ediciones   Generales S.L., 2010.

MARTÍNEZ MARÍN, Francisco. *Yo, Miguel,* Orihuela, Editorial Félix, 1972.

   -Antología crítica biobibliográfica de escritores oriolanos, (inédita).

   -"Carlos, el poeta con nombre de tango". *La Lucerna,* n° 41, diciembre 1995, p. 16

MIRAVALLES , Luis. "Sobre la guerra civil: recuerdos inéditos de Miguel Hernández y de su   amigo Efrén Fenoll", Valladolid, ARGAYA, revista, n° 18, Segunda época, Diputación

Provincial de Valladolid, 1999, cuarto trimestre, pp. 67-71.
- MOLINA, Manuel. "Espiritu y carne de un   poeta: Carlos Fenoll",
Alicante, VERBO, revista, agosto 1946.

    -Versos en la calle, prólogo de Carlos Fenoll, Alicante, Ediciones Silbo,
1955.

    -"El poeta Carlos Fenoll", Alicante, IDEALIDAD, revista,
noviembre de 1962.

    -"Últimas cartas de Carlos Fenoll", Alicante, IDEALIDAD, revista,
enero de 1963.

    -"Carlos Fenoll, fundador de la Tahona Literaria", Alicante, diario
PRIMERA PÁGINA, 20 abril 1968.

    -"El pastor y el panadero", Alicante, diario PRIMERA PAGINA, 8
agosto 1968.

    -"Orihuela en la poesía española actual", Madrid, ABC, ed. de
Alicante, 30   junio1969.

    -Miguel Hernández y sus amigos de Orihuela, Málaga, El Guadalhorce,
1969.

    -Amistad con Miguel Hernández, Alicante, Silbo, 1971.

    -Antología de la poesía alicantina actual (1940-1972), Alicante, Caja de
Ahorros Provincial   de Alicante, 1973.

    -"La poesía de Carlos Fenoll", Alicante, *II Asamblea Comarcal de
Escritores. Orihuela, 1972,* Instituto de Estudios Alicantinos, 1974, pp. 77-78.

    -Canto encadenado, Alicante, Caja de Ahorros Provincial de Alicante,
1978.

 MOREIRO, José María. "Miguel Hernández, treinta y dos años después",
Madrid, Flashmen n°   23, junio de 1974.

    -"Miguel Hernández, testimonialmente", Madrid, LOS DOMINGOS
DE ABC, 26 de   marzo de 1978, Miguel Hernández en el testimonio de
nueve amigos. ['Carlos Fenoll, el panadero', pp. 6-9].

-MUÑOZ GARRIGÓS, José. Prólogo a *El Gallo Crisis*, Orihuela,
Ayuntamiento de Orihuela, 1975.

    -Vida y obra de Ramón Sijé, Murcia-Orihuela, Universidad de Murcia y
Caja Rural Central de Orihuela, 1987.

-MUÑOZ HIDALGO, Manuel. *Cómo fue Miguel Hernández,* Barcelona,
Planeta,1975. -PEÑALVER, Antonio. "Ramón Sijé en   testimonios",
Orihuela, EL ECO HERNANDIANO,   núms. 1, 18 y 19.

-PERAL BAEZA, Gaspar. "Ángel Caffarena: sus años alicantinos",
Alicante, PERITO   LITERARIO-ARTÍSTICO, revista, n° 5, diciembre
2005, pp. 6-8.

    -"Miguel Hernández y el ensayo de Ramón Sijé sobre el
romanticismo", Orihuela, EL ECO HERNANDIANO, revista, n° 9,
primavera 2006, pp. 2-10.

-PÉREZ ÁLVAREZ, Ramón. "Como un barón de Münchausen cualquiera", Orihuela, LA LUCERNA, revista, n° 33 febrero 1995, pp. 33-34.

-*Hacia Miguel Hernández*, Orihuela, Fundación Cultural Miguel Hernández, 2003.

-POVEDA, Jesús. *Vida, pasión y muerte de un poeta: Miguel Hernández*, México, D.F., Ediciones Oasis, 1975.

-PUJAZÓN SAMOS, ANTONIO, *Orihuela/ Testimonio para una memoria necesaria*, Ateneo Sociocultural "Viento del pueblo", 2008

-RAMOS, Vicente. *Literatura alicantina*, Madrid, Alfaguara, 1965.

-"Carlos Fenoll", Alicante, IDEALIDAD, revista, enero 1973.

-*Miguel Hernández*. Madrid, Gredos, 1973.

-"El poeta Carlos Fenoll", Alicante, INSTITUTO DE ESTUDIOS ALICANTINOS, revista, n° 12, mayo 1974, pp. 63-76.

-*Miguel Hernández en Alicante*, (en colaboración con Manuel Molina), Alicante, Ifach, 1976.

-"Presentación de *Canto encadenado*", Alicante, IDEALIDAD, revista, marzo-abril 1978.

-*Literatura alicantina de posguerra (1940-1965)*, Alicante, Editor Manuel Asin, 1967.

-REIG SEMPERE, Ana María. *La generación del 30 en Orihuela*, Alicante, Instituto de Estudios Alicantinos, 1981, pp. 97-111.

-RIQUELME, Jesucristo. "Obra exenta e inédita de Miguel Hernández que completa la obra completa", Albacete, BARCAROLA, revista, n° 76, noviembre 2010, pp. 17-32.

-*Orihuela de la mano de Miguel Hernández*. Alicante, Aguaclara, 1997.

-RUIZ CASES, José, "Sesca". *Ramón Pérez Álvarez (Yo hablo y escribo de un Miguel real)*, Orihuela, ed. autor, 2011.

-SÁEZ FERNÁNDEZ, José Antonio. "Carlos Fenoll, encadenado al canto", Orihuela, CANFALI, revista, 14 enero 1981.

-SÁNCHEZ BALAGUER, Juan José. "La prensa oriolana en tiempos de Miguel Hernández", en *La Orihuela de Miguel Hernández 1910-1942*, Orihuela, Fundación Cultural Miguel Hernández, 2011, pp. 109, 116-117.

SIJÉ, Ramón. "Valores de Levante: Carlos Fenoll", Alicante, diario EL IA, 11 febrero 1932.

-TORREGROSA DÍAZ, José Antonio. "La literatura en la Orihuela de Miguel Hernández", en *La Orihuela de Miguel Hernández 1910-1942*, Orihuela, Fundación Cultural Miguel Hernández, 2011, pp. 244-247. [Escrito en colaboración con Luis Mariano Abad Merino].

En revistas literarias

ÁGORA, Papeles de Arte Gramático, Murcia, n° 18-19, primavera-verano 2010. "Monográfico especial. Miguel Hernández, una geografía para un hombre libre".
ANTHROPOS, Rubí (Barcelona), n° 220, 2008. "Miguel Hernández. Una nueva visión de su creación poética y la pluralidad de sus contextos".
ARTE JOVEN, Alicante, enero 1940.
AUCA, Alicante, n° 21. "Homenaje a Manuel Molina con ilustraciones de Antogonza", 2010, pp. 41-42. Y n° 24 de abril 2012.
BARCAROLA, Albacete, n° 76, noviembre 2010. "Especial Miguel Hernández. Que no se apague esta voz."
BATARRO, Albox (Almería), n° 8-9-10, 14 septiembre 1992. "Vigencia de Miguel Hernández".
CANELOBRE, Alicante, n° 56, Invierno 2009-2010. "Miguel Hernández cien años".
CANFALI, Ed. Vega Baja, 1981.
CUADERNOS DE MADRID, Edición facsímil 1975, Revista de la Delegación de Propaganda de la Alianza..., 1939
Digital EL ECO HERNANDIANO.
Digital ORIHUELADIGITAL.
Digital POESÍA PALMERIANA (blog del poeta Ramón Palmeral).
EL ECO HERNANDIANO, Orihuela. Impreso Varios números.
EL MONO AZUL, Madrid, Edición facsímil de los 47 números. 1936-1939
INSULA, Madrid, n° 544, abril 1992. Monográfico extraordinario "Miguel Hernández. El poeta vulnerado".
INTIMIDAD POÉTICA, Alicante, varios números.
ISLA, Cádiz, n° 2-3,1933.
JUVENTUD MARIANA, Orihuela, septiembre y diciembre de 1948.
LA LUCERNA, Orihuela, n° 41, diciembre 1995. Número dedicado a Carlos Fenoll. AA.VV. Carta inédita de Carlos Fenoll a Antonio García-Molina. Artículos de Ramón Pérez Álvarez, Sesea, Francisco Martínez Marín, Jesús Poveda, José Luis Zerón Huguet, Vicente Ramos, Joaquín Mas Nieves, Efrén Fenoll, Mariano Abad y Aitor L. Larrabide.
LLIBRET HOMENAJE A LA BELLEA DEL FOC, "Bon Tabaquet", Alicante, 1942.
MOMENTO, Semana Santa Olecense, Orihuela, 29 marzo 1942.
NUMEN, Alicante, n° 64, 2011.
OLEZA, Orihuela, 1961 y 1973.

PERITO (Literario-Artístico), Alicante, varios números.
PORTADA, Orihuela, 1990.
SEMANA SANTA OLECENSE, Orihuela, varios números.
SILBO, Orihuela, n° 1, mayo 1936, y n° 2, junio 1936.
VERBO, Alicante, n° 1, agosto 1946, y Valencia-Alicante, n° 30, abril 1956.

ÍNDICE

ANEXO I

ANEXO II

Agradecimientos

A Vicente Luis Fenoll Ávila, hijo de Carlos Fenol, por la aportación de datos y fotografías, Gaspar Peral Baeza que sin su Archivo Hernandiano este libro no hubiera sido posible. A Ana Mas de Sanfélix que me confió un proyecto de la biografía fenolliana, a José Luis Zerón Huguet y su *Lucerna* de 1995, a Aitor L. Larrabide, de la Fundación Cultural Miguel Hernández por facilitarme documentación y orientación, a Otilia Maciá, del Centro de Estudios Vicente Ramos de Guardamar del Segura y sus múltiple envíos de documentos, a César Moreno, director de la Biblioteca Pública de Orihuela por su inestimable colaboración con *El Mono Azul* y revista *Oleza*, a Eutimio Martín por sus orientaciones y puntualizaciones, a José A. Sáez Fernández, su artículo en *Canfali* y su revista *Batarro*, a María Dolores García Selma y sus valiosas indicaciones, al Archivo de Manuel Molina en poder de su viuda Maruja Varó, a Cecilio Alonso Alonso por sus indicaciones y colaboración, a los herederos de Joaquín Ezcurra y su *Oleza*, a los escritores oriolanos Julio Calvet, Antonio Colomina Riquelme y Manuel-Roberto Leonís, a Hilarión Lillo Roche amigo que fue de Efrén, a Manuel Parra Pozuelo, coordinador de la revista AUCA, a todos aquellos que con sus trabajos anteriores han aportado una base importante e imprescindible a esta biografía, y a los que de forma anónima han colaborado con fotos y su muy valiosa información inédita.

Retrato de Carlos Fenoll Felices en Barcelona en 1970

Edición para conmemorar el 105 aniversario
del nacimiento de poeta Carlos Fenoll Felices.

Edición de Ramón Fernández Palmeral

Orihuela, 8 de agosto de 2017

Publicado en LULU y Amazon

www.ingramcontent.com/pod-product-compliance
Lightning Source LLC
Chambersburg PA
CBHW021548290526
45784CB00016B/775